U0937595

华夏文库·佛教书系

弘法利生

南传佛教史

黎玲玲 著

大地传媒 中州古籍出版社

《华夏文库》发凡

毫无疑问，每一个时代都有属于自己时代的精神追求、文化叩问与出版理想。我们不禁要问，在21世纪初叶，在全球文明交融的今天，在信息文明的发轫初期，作为一个中国出版人，我们正在或者将要追求什么？我们能够成就或奉献什么？我们以何种方式参与全球化时代的文化传播进程？在一连串的追问下，于是，有了这套《华夏文库》的出版。

自信才能交融。世界各大文明在坚守自身文化个性的同时，不约而同地加快了探视其他文化精神内涵的步伐，世界不同文明正在朝着了解、交流、碰撞、借鉴与融合的方向前进。在此背景下，建立自身的文化自信，正是与世界各文明民族进行文化交流的基本要求。五千年中华文明与文化正在不断地被其他文明所发现、所挖掘、所认知，汉语言正在生长为世界语言，儒文化正在世界各地生根发芽。

借助这样一种正在成长着的文化自信、自觉、开放、亲和之力，用我们这个时代的学术眼光全面系统梳理中华五千年的文明与文化，向其他各大文明与文化圈正面展示自我，让中华优秀文化成为世界文化的重要组成部分，正是我们出版这套文库的目的之一。此其一。

知己才能知彼。身处五千年文化浸润的今天，重新思考我们先人的人生思考、价值思考与哲学思考，找到一个民族、一个国家的价值所在、立命所在、安身所在，这已经是我们这个时代的学人与出版人不得不再思考的问题。作为中华文明的一分子，我们在思考的同时，还必须了解我们的先人创造了如何优秀的精神文明与物质文明以及社会文明。只有熟知自己的文化，热爱自己的文化，悟明自己的文化，我们才能宣说自己、弘扬自己、光大自己。因此，我们策划组织这套《华夏文库》的初衷，还在于让当下的知识青年全面系统瞭望中华文明与文化的全景，并借此能够对更为深广的世界各民族文化提供一个比较认知的基础。此其二。

顺势才能有为。我们正处在农耕文明、工业文明、信息文明的交汇处，信息文明带领我们从读纸时代进入读屏时代，以智能手机屏幕为代表的书籍呈现方式正在与纸质书籍争夺阅读时间与空间。我们正在领悟数字技术，正在以信息文明的视角，去整理、分析和研究农耕文明与工业文明的文化遗产，不仅仅是为了唤醒优秀的传统文化，我们还在生发和原创着当今时代的文化。由此，我们试图架起一座桥梁——由纸质呈现而数字呈现，由数字呈现而纸质呈现，以多媒介的书籍呈现方式，将文字、图像、声音与视频四者结合，共同筑成《华夏文库》以奉献给信息文明时代的新读者。此其三。

总之，这是一套——专家大家名家写小书；以最小的阅读单元，原创撰写中华精神文化、物质文化与社会文明系列主题与专题；以图文、音视频多媒介呈现的方式，全面介绍与传播中华文明与优秀文化，系统普及与推介中华文明与文化知识；主旨是为了让世界与中国共同了解中国的——大型丛书，借此，复兴文化，唤起精神，融入世界。

耿相新

2013 年 6 月 27 日

目录

三　云南的南传佛教

四　云南南传佛教建筑

小知识目录

一 南传佛教概况

佛教、基督教和伊斯兰教并称为世界三大宗教。就我国而言，一说起佛教，人们首先想到的可能是佛教四大名山：浙江普陀山、山西五台山、四川峨眉山和安徽九华山，其实它们都是汉传佛教的道场。在我国，佛教有三大分支：汉传佛教、藏传佛教和南传佛教。

1. 南传佛教的历史源流

佛教发源于印度，后向国外传播发展。根据源流和地理分布，可分为北传佛教和南传佛教两大体系。公元前 3 世纪，阿育王的儿子马

斯里兰卡丹布拉的金庙

始建于公元前 1 世纪，由五座小寺庙组成，是佛教徒和印度教徒及其他清修者朝圣的中心，为世界文化遗产

结集经藏

这幅石刻画位于福建厦门的南普陀寺内，展现了结集时的情景

兴德长老率第九弘法使团，将佛教传至斯里兰卡，因斯里兰卡位于印度之南，故称为“南传佛教”。12 世纪到 15 世纪期间，佛教自斯里兰卡陆续传入缅甸、泰国、柬埔寨，经过不断地发展壮大，逐渐形成了南传佛教派系。

至今，南传佛教已有2000多年的历史，主要流传于斯里兰卡、缅甸、泰国、柬埔寨、老挝。而在我国，仅云南独有，分布在西双版纳、德宏、普洱、临沧等地；云南省傣族、布朗族、德昂族基本全民信仰南传佛教。19 世纪末，南传佛教也传播到了欧美澳等地区。

从教义上看，南传佛教传承了上座部佛教系统，故自称为“上座部佛教”。因为上座部佛教重视自己的修学，以罗汉（又称阿罗汉，是南传佛教修行中的最高果位）的解脱为目标，强调修炼自我的声闻乘，与谋求一切众生解脱的大乘佛教相对，因此被大乘佛教称为“小乘佛教”。但是上座部佛教徒自始就非常排斥“小乘佛教”这一称呼，认为其具有贬义。

从语言上看，南传佛教所传诵的律、经、论三藏经典所使用的语言属于巴利语，因此也称为“巴利语系佛教”。巴利语为古印度的一种口头语言，没有独立的文字，三藏经典是通过僧侣口头传诵的。当传入斯里兰卡时，当地的比库将其记诵下来，从而形成了上座部所传诵的巴利语三藏圣典。南传佛教非常完整地保存了一套巴利语三藏经典，以及许多的重要文献。

倘若要追溯南传佛教的源流，首先得对佛教创始人释迦牟尼有所了解。佛教宗师释迦牟尼姓乔答摩，名悉达多，为古印度释迦族人，本是迦毗罗卫国（即现在的尼泊尔）的太子，但王族优裕的生活并未让太子贪恋世间，他曾从城之四门出游，深感人生的苦痛无常，于是舍弃了王族生活，于 29 岁时出家，35 岁时在菩提伽耶的菩提树下大彻大悟，入道成佛。成佛后，世人尊称其为“佛陀”（印度古梵文 Buddha 的音译，也译作“浮屠”“佛驮”“浮图”等），意为“大彻大悟之人”，佛号“释迦牟尼”，意为“释迦族的圣人”。

成佛后，为令众生解脱苦难，佛陀进行了 49 年（一说为 45 年）的弘法事业，感化了无数人求皈受戒。由于古印度不重视对历史年代的记录，因此释迦牟尼的生灭年月说法不一，有 60 种之多。按照南方上座部佛教各国的传统说法，佛灭（即佛陀之涅槃）于公元前 544 年或前 543 年，这一说法为世界许多国家所采用，1956 年，多国据此举行了盛大的佛灭 2500 年纪念活动；而有近代学者根据对阿育王年代的考证，得出佛灭于公元前 483 年、前 480 年、前 479 年等几种结论，并未取得一致；而在中国，依据“众圣点记”说，即在佛灭之后，比丘僧团在每一个夏安居之后，便会在戒本的末尾以标点的方式记载佛灭之年数，到 489 年时，共有 975 点，据此推出佛灭于公元前 486 年；日本的宇田伯寿则根据北传史料，推定其为公元前 466 年生、前 386 年卒。

释迦牟尼佛圆寂像

佛陀圆寂，众弟子十分悲伤。该佛像位于缅甸的一座寺庙内

佛陀在世时，是没有所谓的上座部、大众部、经量部、法藏部、说一切有部等部派的，更没有大乘、小乘之分。当时的僧团在教理、戒律上并不存在什么分歧，他们一同修行，非常融洽。佛祖释迦牟尼涅槃100年后，僧团内部由于对戒律的见解不同而产生了分歧，发生了分裂，于是逐渐有了“大众部”和“上座部”之分。大众部是较为进步革新的青年大众；而上座部重视遵守传统，代表保守的长老们，故又称为“长老部”。之后，上座部分裂成十一或十二部，大众部分裂成七或八部，共计分成了十八部或是二十部。这一时期即为佛教史上的“部派佛教”时期。从历史上可看出，过去两者之间的对立、争斗、排斥是相当激烈的。这种内部的自相斗争，使得佛教在印度最终消亡。

小知识◎原始佛教

从佛灭到部派佛教时代，即公元前6世纪到前5世纪左右，在这约100年的时间内，佛教未发生根本性的分裂；这一时期的佛教被称为“原始佛教”，亦称“早期佛教”或“初期佛教”，主要在印度恒河中游一带传播。此段时期内，教团之间较为统一，比丘仍是按照佛陀所定的戒律过着最为简单的生活，基本是以乞食为主。至于原始佛教的教义，它以四谛、八正道、十二因缘、无常、无我等理论为核心。其圣典包括《经藏》《律藏》，另在梵语断片及藏译中也有一部分。

2. 结集历史

结集，为合诵、会诵之意。佛陀在世时，由佛陀对教徒直接进行指导、释疑等。佛陀入灭后，为防止佛陀遗教错误散逸，或遭外道邪乱而成为异说，也为了确定教权，将佛陀之教法统一编集以适合传承，成为一件刻不容缓的事情。因此，佛教徒组织集会，对佛陀学说进行会诵，然后通过讨论、甄别、审核，看是否与佛说相违背，最后将口口相传的教法整理编集，用文字方式确定下来，这称为结集。佛教史上有六次重要的结集。

第一次结集

佛灭后，大众皆哀伤悲痛，但跋难陀却说道："正可以任意所为，无复拘碍，何必要这样伤心？"此言论让摩诃迦叶尊者惊愕不已。为避免僧团中出现更多的破戒比丘，从而破坏正法的流传，在佛陀涅槃后的第一个雨安居期，也就是佛灭的 3 个月后，摩诃迦叶尊者召集了

青花瓷画：《释迦如来应化事迹图 · 结集法藏》

描绘了结集时的情形。福建福州于山定光寺（白塔寺）

500 名阿罗汉，会集于摩揭陀国王舍城外毗婆罗山的七叶窟，由阿阇世王护持。此次结集由号称“多闻第一”的阿难陀诵出“经藏”，由号称“持律第一”的优婆离分 80 次诵出“律藏”，称为《八十诵律》，这为最初的根本律藏。这次结集又称为“七叶窟结集”“王舍城结集”“五百人结集”，它是佛教史上的第一次结集，对后世意义重大，影响深远。

第二次结集

迦叶尊者

此为清代线刻图。迦叶尊者为摩揭陀国人，姓婆罗门。他是佛教之初祖，西天第一代祖师

佛灭 100 多年之后，僧团内部由于对于戒律的见解存在分歧，于是产生了分裂。耶舍长老巡化至毗舍离时，发现毗舍离的僧侣存在向人乞钱的现象，认为这是犯戒的，于是召集东西方共 700 比丘聚集于毗舍离城举行结集。此次结集因乞钱事件而起，但主要目标是对 10 项新主张进行评审，即角盐净、二指净、他聚落净、住处净、生和合净、饮阇楼伽净、无缘坐具净、所习净、随意净和金银净。

双方所推 9 位上座代表一致评断此十事不合律制，称为“十事非法”，由此重新评定律藏。此结集称为“毗舍离结集”或“七百人结集”，由于参加结集的多为佛教长老，又称为“上座部结集”。但毗舍离的比丘不服这一决定，他们另召集万人集会，定这十事为合法。由于他们人数众多，被称为“大众部结集”。由此佛教内部部派开始分裂。之后，两大部派又出现分裂，在佛灭后 300 年，形成大众九部、上座十一部的局面，最终进入到部派佛教时期。

第三次结集

佛灭 200 多年后，印度当时为阿育王统治时期。阿育王早期是个暴君，为夺得王位，四处征战。后来他受到僧人点化，虔诚信佛，并

阿育王皈依佛门

此为古印度孔雀王朝阿育王皈依佛门的故事浮雕，镌刻在济南市灵岩寺辟支塔基上

投入大量的财力和精力弘扬佛法，成为佛教史上有名的护法大王。由于国王信佛护佛，很多非佛教徒贪图布施，也来参加僧团，古印度佛寺鸡园寺每天供养上万名人士，其中就有许多这种外道。这些非佛教徒混迹在僧团中，行为放逸，破法乱教，而真正的比丘不愿与之为伍，导致僧团7年间无法举行布萨、自恣等宗教仪式，这令阿育王大为震惊。为了挽救这一乱象，阿育王从中进行了调解，但当时混入僧团的外道人数众多，据说达6万之多，于是阿育王迎请了目犍连子帝须来整顿僧团，将6万名外道僧侣逐出了僧团。之后，目犍连子帝须召集1000名精通三藏的比丘于华氏城进行结集。他们重整了佛教经典，编辑了《论事》，用以分别评述外道们加在佛教中的那些错误观念、理念等。这次结集完整地诵出了《律藏》《经藏》和《论藏》三藏，今日存在的南传佛教巴利语三藏，即是传承自此。

结集之后，僧团做出了决定，派出9个弘法使团到印度国内外弘扬佛法。第八使团到了金地，即今天缅甸南部达通到泰国中南部的佛统府一带。佛教从这一带传至整个缅甸。第九使团则由摩哂陀带领，到达斯里兰卡，很快就使从国王到平民皆信佛，建立了比丘僧团，创建塔寺，著名的大寺就是这一时期建立的。之后，因为一些女性表示也想出家，因此僧伽密多也被派往斯里兰卡，建立了比丘尼僧团。她还从佛陀成道的菩提树上折下一枝幼苗带去大寺园，至今尚存，被视为斯里兰卡国宝之一。据说这是世界上有历史可考的最古老的树。从此，斯里兰卡有了佛教。

北传佛教对这一次结集无文献记载，可见对这次结集是不认可的。

第四次结集

此次结集大约是在佛灭400年后，在这之前，三藏经典仍是以传统的记诵方式流传。教团长老认为，由于生命存在很多不定因素，因此用记诵的方式来保存经典非常冒险。出于这一考虑，在伐多伽摩尼·阿巴耶王治世期间，500名长老在斯里兰卡的阿卢寺聚集，推举世友为上首，在胁尊者的主持下对经、律、论三藏进行了论释。他们诵出了三藏和义疏，首次用巴利文字将三藏经典辑录成册。其中，经藏注释为《优婆提舍论》，律藏注释为《毗奈耶毗婆沙论》，论藏注释为《阿毗达磨毗婆沙论》。这对于后来南传佛教的流传具有决定性的作用。不过，现在经律藏的注释已经失传，唯有论藏的注释保存了下来，称为《大毗婆沙论》，因此这次结集又称为“婆沙结集”。阿巴耶王用赤铜镂刻梵文笔录，并筑塔珍藏，将抄本送至各地进行传布。之后，北传佛教经典多采用梵文，就是来自于这次结集。

第五次结集

1871 年，缅甸敏东王召集了 2400 名高僧在首都曼德勒进行结集。这次结集主要是以律藏为中心，对圣典原文的异同进行重新校订，此次合诵历经 5 个月。结集的三藏文字被刻于 729 块大理石上，每块大理石高 5 英寸，长 5.5 英尺，宽 3.5 英尺，后人又在每方石碑外面修建起白色的小佛塔，竖立于固都陶佛塔（一说为“拘他陀塔寺”）周围，这些石碑被称为“世界上最伟大的书”，固都陶佛塔以此闻名，其意

缅甸曼德勒固都陶佛塔

固都陶佛塔以“天下最大的经书”著称于世

固都陶佛塔塔林

每座塔下均有一方大理石碑，上刻第五次结集后的三藏经文

为“世界上最伟大的功德佛塔”。

有这样一种说法，如果一个人每天阅读 8 个小时，读完这些内容，需 450 天，因此这些碑林形成了世界上“最大的经书”，而周围则有 45 个佛塔围绕。

第六次结集

这次结集始于 1954 年的卫塞节（佛诞节），缅甸佛教徒在政府的赞助下，在位于首都仰光北郊的大圣窟进行结集。这次结集旨在通过团结佛教教徒，提高缅甸独立国的地位。它邀请了缅甸、泰国、斯里兰卡、柬埔寨、老挝、印度、巴基斯坦等国的长老比丘 2500 人，为南传佛教史上规模最大的一次结集。它以第五次结集时所镌刻的佛典为依据，参考他国巴利圣典协会以及缅甸的各种巴利文版本，对缅文的三藏圣典进行了严密考订。此次结集历时两年多，于 1965 年的卫塞节完成，并出版了《南传大藏经》，这成为现今世界上最具权威的巴利语大藏经新版本，被公认为有史以来最正确无误的经典，它是南传佛教国家一次通力合作的成果。

小知识◎十项新主张

角盐净指用角器贮盐日后使用；二指净指日晷之影自日中推移至二指宽间进食，仍算为正午进食；他聚落净指吃完后还可再坐就食；住处净指住同一界域内的比丘可到他处进行聚会，进行说戒、忏悔；生和合净指午食后，仍可饮用未经脱脂搅拌的牛乳；饮阇楼伽净指在生病期间，比丘可以吃一些发了酵的酒；无缘坐具净指比丘坐具可随意大小，不用贴边；所习净指出家前所习的东西在出家后仍可学习；随意净指僧团有事需大家商量，但有些场合，可先做，事后再求承诺；金银净指可以受蓄金银财物。

◎佛教中心——凯拉尼亚大寺

凯拉尼亚大寺为斯里兰卡最古老的佛教寺庙之一，位于科伦坡市的凯拉尼亚，又称为“皇家大寺”。阿育王之子摩哂陀到斯里兰卡传教，当时的天爱帝须王建造了大寺来供养僧团，大寺逐渐成为斯国上座部佛教中心和教育中心，是斯里兰卡最庄严的佛教圣地。佛教信徒认为佛陀在第3次来到斯里兰卡时，曾到过该寺。每年一月满月时，此地将举行佛牙节，大量信徒从斯里兰卡各地赶来祈祷、供奉祭品。

3. 东南亚各国南传佛教的形成与发展

南传佛教在传入我国之前，已在东南亚一些国家有所发展。我国南传佛教的形成和发展深受这些国家的影响，因此我们先对这些国家南传佛教的发展进行相关了解。

斯里兰卡

斯里兰卡是南传佛教的主要根据地之一，由印度摩哂陀长老输入。由于统治者带头皈依，传教过程非常顺利，佛教迅速普及全国，全民信仰。之后200年左右，佛教都以大寺教团为中心。公元前1世纪时，佛教分裂成大寺派和无畏山派，两者对教义的理解存在不同，而无畏山派后来发展成为斯国最大的派别，与大寺派分庭抗礼，历时10世纪之久。4世纪初，无畏山派中又分裂出只陀林派，形成三足鼎立的局面。

斯里兰卡佛教大致可分为3个阶段：公元前3～11世纪，政治比较安定，这可说是斯里兰卡佛教的兴盛时期，其间，佛教从斯里兰卡传到了泰国、缅甸。11 ~ 18 世纪，斯里兰卡受到他国侵略，宗教上也受到侵略，如西班牙强迫斯里兰卡人民信奉天主教，因此佛教受到了极大的破坏，陷入衰落时期。最凄凉时，宗教形式几近不存在，塔寺沦为废墟，甚至没有一名正式的比丘。第三阶段则为18世纪至今。佛教从缅甸和泰国三度回传，僧团与塔寺重建。在人们的努力下，斯里兰卡南传佛教的命脉得以传承下来，从而复兴。

缅甸

前文提到，金地这一带为缅甸的佛教发源地，但在佛教传入之前，缅甸人信奉的是婆罗门教。从蒲甘王朝（1044 ~ 1287 年）以后，才有了对佛教较可靠的记载。其中，阿奴律陀王极力推行对佛教的改革，明令颁布佛教为国教，这一措施使上座部佛教兴盛起来，普及全国。该王朝的康瑟达王也是虔诚的佛教徒，他在位期间，著名的阿难陀塔寺建成，该寺以阿难陀尊者之名命名。12 世纪，缅甸佛教僧团内部发生争论，形成两派，之后又分裂成四派，各自弘法。

阿难陀尊者

此为清代线刻图。阿难陀为释迦的堂弟，生于释迦成道时期，后随释迦出家，成为常随侍者，因其博闻强记，被称为释迦十大弟子中的“多闻第一”

之后，缅甸进入到北方阿瓦和南方庇古争霸时期，这一时期被称为“掸族统治时期”。在这期间，北方于 1540 年发生了空前的教难，比丘被屠杀，经典及塔寺也被烧毁。而南方的达磨悉提王对当时缅甸南方的佛教进行了改革和统一，使之前 300 多年各派的对抗结束，重归统一。

贡版王朝时期（1752 ～ 1885 年），缅甸遭到英国侵略，佛教受到很大影响。但敏东王在位时，热心护法，并在首都曼德勒举行了“第五次结集”。

1886 年，缅甸完全沦落为英国殖民地，佛教也丧失了国教的地位，僧人失去了过去的尊崇地位。缅甸人民经过多年奋斗，于 1948 年独立。现在缅甸僧团主要分三派：善法派、瑞琴派和门派。

泰国

泰族人未立国之前，佛教已传入泰境内，可分为 4 个时期：（1）上座部佛教的传入；（2）大乘佛教的传入；（3）蒲甘佛教的传入；（4）斯里兰卡佛教的传入。而泰国历史可称为信史的，始于素可泰王朝（1238 ～ 1438 年）。

素可泰王朝第三位君主兰甘亨邀请斯里兰卡僧团来弘法，之后大乘佛教逐渐灭亡，上座部佛教取得了绝对的主导地位。第五代立泰王成为泰国历史上第一位出家的在位君王。此举对泰国男子的影响一直持续到现在。泰国男子一生中至少要出家一次。

清迈时期，斯里兰卡系的僧团在清迈进一步发展。大约在 1455 年，开始建造著名的大菩提寺。

大城王朝（1351 ～ 1767 年）前期，进行了佛教改革。其间，缅甸数次兵攻泰国。大城王朝后期，泰国摆脱了缅甸的控制，国家重新获得独立。在这期间，也修建了大量佛寺佛塔，这一期间斯里兰卡僧团戒法断传，泰国派僧团到斯里兰卡传授戒法，复兴了其僧伽系统，此为斯里兰卡的一次佛教回传。

泰国素可泰古城遗址内的佛教建筑

从这遗址依稀可看出当时的盛况

曼谷王朝时期（1782 年起），拉玛一世兴建了玉佛寺，改革了僧伽组织。拉玛三世时期，“法宗派”创立，之前的多数僧团被称为“大宗派”，泰国僧团从此分成两派。

自立国以来，泰国都以佛教为国教，国旗为红蓝白三色，红色代表国家，蓝色代表国王，白色则代表佛教。如今，泰国佛教徒占全国总人口的 95% 以上，佛寺几乎每村一座。南传佛教已经全面融入泰国人民社会生活的各个层面，成为泰国社会的重要组成部分。

柬埔寨

柬埔寨，旧称高棉。为东南亚最先印度化的国家。宗教方面，总体来说，先是信奉婆罗门教，主要为真腊时期（550 ～ 802 年）。后来盛行佛教，并成为佛教的重要中心。安哥时期（802 ～ 1432 年），陀罗尼因陀罗跋摩二世信仰佛教，故首先转变了王室的宗教信仰，民间佛教逐渐盛行。柬埔寨并没有大乘佛教向南传佛教转变的确切历史记载，据推断，可能始于安哥王朝的阇耶跋摩八世，此时，上座部佛教在全国发展，婆罗门教只具象征形式。

安哥王朝以后，柬埔寨受到泰国、越南和法国的侵略，国力逐渐衰落，佛教方面也如此。1953 年，柬埔寨获得独立，佛教也逐渐复兴。

如今，柬埔寨全国 85% 的人口信奉佛教，佛教为国教。佛教僧团分成两派：大宗派、法宗派。和泰国一样，柬埔寨国王是宗教维护者的象征，也是佛教最有力的拥护者。柬埔寨的国旗以红白蓝为主色，红色代表民族，白色代表佛教，蓝色代表王室。

老挝

老挝，古称“寮国”。在东南亚国家里，老挝是最后信仰南传佛教的，明确记载始于法昂王所建立的“南掌国”。法昂王的妻子娘乔乐为柬埔寨王女，是一名非常虔诚的佛教徒，她请示法昂王从柬埔寨引进了佛教。法昂王为僧团建筑了佛寺，名为“波沙曼寺”，王都也按僧团所带来的“勃拉邦”金佛像改名为“琅勃拉邦”，从此老挝人民开始信仰上座部佛教。

18 世纪起，老挝先后沦为泰属、法属，佛教遭到重创。但由于佛教文化深入民间，在这种环境下，人民还是坚持着佛教信仰。

1961 年，老挝通过宪法，确定“佛教是国教，国王是最高的保护者”。1975 年，老挝人民民主共和国成立，废除了君主制，取消了王国宪法，佛教从此不再是国教，也不再由国王充当保护者。

老挝琅勃拉邦的一座佛教寺庙

琅勃拉邦为世界文化遗产名城，为南传佛教四大中心之一

吴哥窟

吴哥窟最初为尊奉毗湿奴神而建，15 世纪初，暹罗入侵吴哥，加上暹罗人信奉南传佛教，因此吴哥寺成为南传佛教佛寺，一直至今。它为世界上最大的庙宇

二 南传佛教的教理教义

要对一个教派有所了解，得从该教派的教理教义入手，本部分将从南传佛教的信仰中心、教法根本、禅修次第、基本教义方面对南传佛教进行阐述，让读者对南传佛教具有基本的认知。

1. 信仰中心

——佛、法、僧

佛教有三宝：佛、法、僧。皈依三宝，即为皈依佛、法、僧。大乘佛教中，佛除了指释迦牟尼外，还泛指一切觉行圆满者；而在南传佛教中，“佛”是专门对释迦牟尼的尊称。南传佛教教法则为三藏十二部经及八万四千法门；僧，即为佛法的住持人——僧人。佛、法、僧为南传佛教的信仰中心，也是南传佛教的教法和证法的核心。

佛陀是佛教的创始人，佛有法身、报身、化身。但是佛陀已经灭度，而佛像只是一种象征性代替，无法给我们任何修行上的指引，那么何为皈依佛呢？皈依佛并不是指皈依某一个先知，在梵文中，佛的意思为“觉悟者”，因此，皈依佛的真正目的是达到觉悟，皈依佛，即皈依智慧，具有思考的心意，会从生活中学习。

法由佛所说，佛由法而成。皈依佛后，就必须皈依法了。原则上是以诸佛得道所采用的法为主，但是凡人尚未证得法，怎知法在何处，又谈何皈依？所以必须以佛陀在世所说的教示，也就是以三藏十二部经为法。但是，人是无法修持这么多的法的，那么，皈依法的意义何在？

其实，三藏十二部经也只是法的代表，法有三个要素：第一，以涅槃解脱，常乐我净为体性；第二，以三十七道品为方便，其中包括四念处、八正道、七觉分等；第三，以八万四千法门为调伏终生的甘露法药。由此可看出，法的主旨是明因果、知善恶，一切法殊途同归，都是为了入正道。所以，皈依法，就是以正为皈依。不过，八万四千并不是南传佛教所有的实际数字，它是佛教惯用方式，表示数量很多。

“人能弘道，非道弘人。”正法要流传，还得靠僧伽们。作为佛法的住持者，他们弘扬佛法，使佛法常驻于世，所以僧的恩德也是无量的。但是，僧人也分很多种，而且还存在部派之别，有些僧众甚至毫无德行，那么皈依僧又该采用何种方式呢？我们知道，出家人一般居住在寂静的山林或是偏僻的乡下，而且要持守众多戒律，让身心得到清净，从而获得智慧。这就是僧的内在含义，皈依僧就是内心要归于净。

佛法的精深高明，三宝两字即可全盘概括，因此，信仰佛教，也就是信仰三宝。所谓“进入佛门，应先皈依三宝”，两者密不可分。

2. 教法根本
——律、经、论

三藏经典指的是律藏、经藏、论藏，它们是佛陀在弘法期间的教义，开始并无文字形式，由僧侣口头传诵。历史的几次结集，主要都是为了将佛陀的教法统一、传承。

第一次结集当中，阿难陀尊者诵出了《经藏》，优婆离尊者诵出《律藏》，这是第一次诵出《律藏》。第三次结集时，完整地诵出了律、经、论三藏，如今所存在的南传巴利语三藏即来自于此。第四次结集中，三藏经典首次被辑录成册。第五次结集时，所结集的三藏文字被刻在大理石上，现存于固都陶佛塔内。第六次结集时，出版了《南传大藏经》。

三藏次第现无定论，按结集先后顺序，为经、律、论；按行修顺序，则为律、经、论。其中，律藏是佛陀针对弟子所犯过失而定的规范，主要述说的是僧团教规和佛教徒必须遵守的法规戒律。它分为三部：《经分别》《犍度》和《附篇》。律藏除了详述比丘和比丘尼衣着住行的种种规定以外，也插入了很多生动的故事。律相当于戒学，包含戒、定二学。

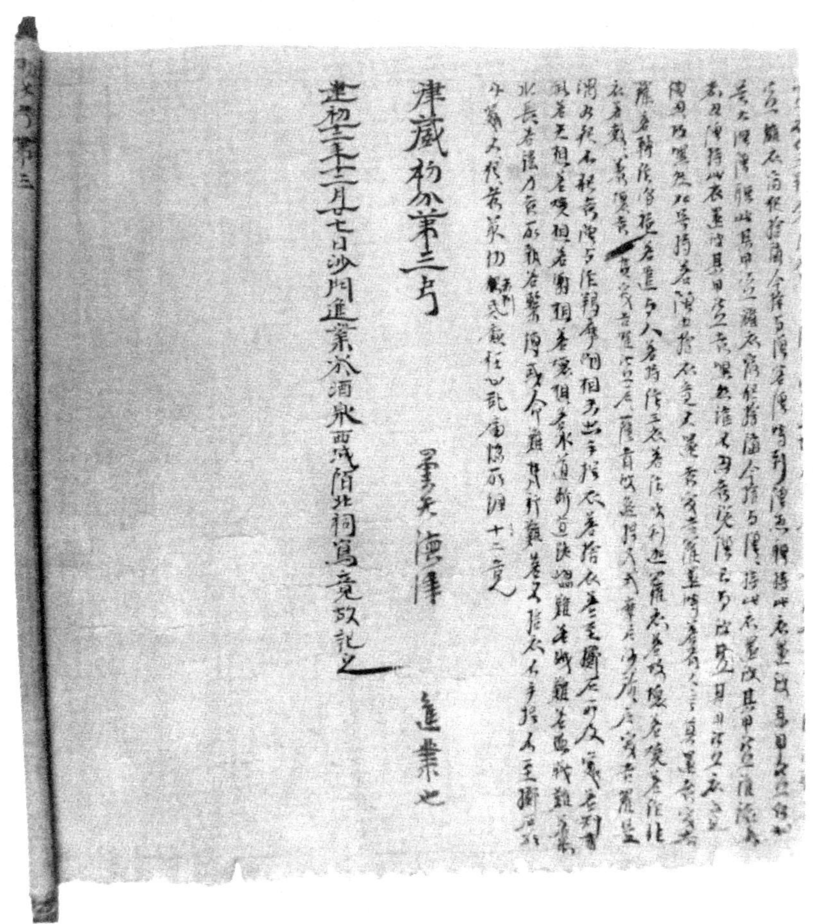

律藏初分（局部）

此为西凉建初十二年（416 年）写本，长 1049.5 厘米，宽 24.9 厘米，共 24 纸 723 行，现藏于中国国家图书馆

经藏主要是述说佛教教义和介绍佛陀的生平业绩，内有大量的文学性诗歌、故事。它相当于定学，包含戒、定、慧学。它分为五大部:《长

部经典》《中部经典》《相应部经典》《增支部经典》和《小部经典》，前四部与北传的《长阿含经》《中阿含经》《杂阿含经》和《增一阿含经》相当，主要是散文体。

在佛教文学中，最著名且流传最广的格言诗集为《法句经》，其中有 423 首颂诗，主要阐述的是佛教伦理道德方面的教义，它在斯里兰卡备受推崇，达到几乎每个佛教徒都能流畅背诵的程度。云南南传佛教徒对其也相当喜爱。《自说经》中有 10 篇经文，其中在中国家喻户晓的“盲人摸象”故事就是出自其第六品第四部经。

《本生经》在佛教文学中占有非常特殊、重要的地位，它是世界人民共同的财富。它主要讲述的是佛陀成佛之前所经历的人、神、动物的无数次生的故事，共有 547 个故事，这些故事大致分为 7 种：寓言故事、神话故事、报恩故事、魔法故事、笑话、道德故事、世俗故事，故事生动有趣，寓意深刻。

论藏记录的是佛陀的弟子——一些学者的话，主要是对佛以自问自答方式论辩法相所作的解释。它有 7 部：《法聚论》《分别论》《论事》《人设施论》《界论》《双论》和《发趣论》。其中《法趣论》是七论中最大的论书，故又被称为“大论”，主要讲述了 24 种因缘关系。论相当于慧学，只包含慧学。

佛教出家僧侣中，精通三藏者，称为三藏法师；精通律藏者，称为律师；精通论藏者，称为论师；精通经藏者，则称为经师。比如觉音就是南传佛教最伟大的论师。我国三藏翻译家也称为三藏，譬如唐朝第一高僧玄奘，世人称为唐三藏，他是汉传佛教史上最伟大的译经师之一。

《清净道论》为三藏经典和义疏的精要，其作者为觉音，他是南传佛教最杰出的论经大师，为南传佛教的里程碑式人物。他对巴利语三藏圣典的注释，为以后大寺派佛教的兴盛奠定了基础。觉音于5世纪出生于北印度婆罗门族。他精通吠陀文学，因与人辩论时被离婆多听见，从而引起了对佛教的兴趣，从而出家学习三藏。后在离婆多的建议下，到达大寺，随僧迦阿波罗长老学习三藏经典及义疏，写成了伟大的《清净道论》。

三藏法师传记

三藏法师又称三藏比丘、三藏圣师、三世故，是对精通佛教圣典之经、律、论三藏者的尊称

《清净道论》被视为阐述南传佛教思想最详细、完整，也最著名的作品，西方学者称其为一部“佛教百科全书”，它被翻译成多种文字，是最受傣族南传佛教欢迎的读物。傣族的佛教徒对觉音大师相当熟悉，也非常敬重，称其为觉音长老，普遍认为他是把巴利语三藏经写在贝叶经上的第一人。

小知识◎藏外佛经

云南南传佛教经典有四部分，除了经藏、论藏和律藏等三藏佛经外，还有六部藏外佛经：《弥兰陀王问经》《岛史》《大史》《小史》《摄阿毗达摩义论》和《清净道论》，在云南的南传寺院中仅发现《弥兰陀王问经》这一部，为巴利语傣文手抄本，在西双版纳的大勐笼很流行。它主要讲述的是缘起、无常、无我、业报、轮回等佛教基本教义。

3. 禅修次第

——戒、定、慧

戒、定、慧三字出自于《楞严经》："摄心为戒，因戒生定，因定发慧，是则名为三无漏学。"修习这三学，能使人到达无漏的出世解脱。"无漏"，是指没有缺憾，可以为人们带来益处、止息烦恼。学佛从戒定慧学起，是最根本的法。南传佛教是严格按照戒、定、慧的路线开展禅修的。

三学中，戒为首。佛陀有云：佛在世间，以佛为师；佛不在时，以戒为师。此外，南传佛教认为：只有同时具足一切知智与大悲智者才有资格制定戒律，而只有佛陀才符合，因此，只有佛陀才有资格制定戒律。戒为戒律，是用来约束修行者的律法，对于在家人是五戒、八戒、十戒，对于出家人则是二百二十七戒。虽然有这么多种戒律，但其精神可用八个字概括："诸恶莫作，众善奉行。"

学佛修行中，为何要有戒呢？佛陀证悟成佛时曾说："人人皆有智慧德相，但以妄想执著不能证得。"那么人何来的妄想和执着呢？当人有了不正当行为时，心就会变得散乱，从而无法入定。戒律帮助你扫除烦恼，得清净心，得定。必须时时刻刻持戒，常使心中有戒。

定是指心专注于一。佛法中说到禅定，它要求离欲，以正念去除邪欲，去除贪欲、瞋恚等一切障碍禅定的行为，因此，修习禅定是需要有智慧的。其实，戒、定、慧是不可分的，戒中有定，定中也有慧。

一说到定，人们就会想到坐禅，其实坐禅只是定的一种方式。坐禅中，人需要端正身体，身体的定更容易实现心定。另外，只要是能去除让心妄想散乱的东西，都是定的方式。大多是依四念处和五停心观来修定。四念处指的是：身念处、受念处、心念处和法念处。观照身体的不净，不执着于身体；观照身心的感受是苦的，做到不贪爱感受；观照心念的无常，解脱心念之苦；观照诸法是无我的，不再执着于法。

三学中，定为中途，最终是为了引发智慧，智慧是佛法修行的真正目标。要显现般若，就得证悟本心，而本性的质为空。人的一生，衣食住行，生老病死，这些重担都要放下，一切都要放下。有人不禁要说，有这种念头，那意味着也未完全放空，这样，我们似乎陷入了一个无法解决的怪圈。那么，究竟怎样才能达成“空”的状态呢？《大般若经》说：“应以无著方便，圆满般若波罗密多，诸法性相，不可得故。”其中般若，即指“智慧”，但不是一般的智慧，而是能够了解道、悟道、修证、了脱生死、超凡入圣的智慧，

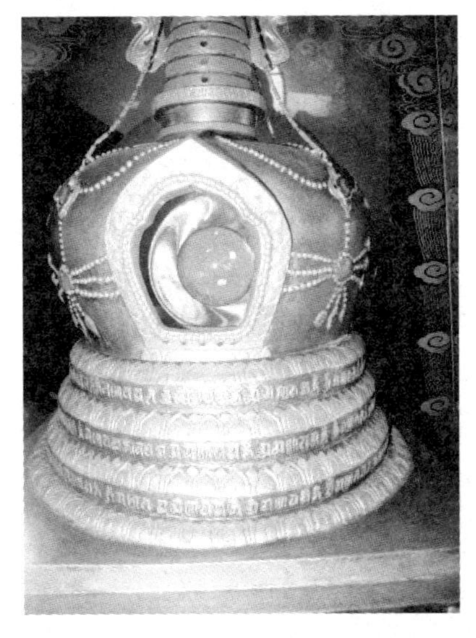

舍利子

该舍利子藏于陕西西安慈恩寺大雁塔的金塔内。依佛教理论，舍利乃佛祖或得道高僧道行甚高的体现，是其戒、定、慧三者转化的结晶

属于道体上根本的智慧。“无著”就是达成空的方式，要知道一切都是空的，对一切都不执着，不用理会，不断地放下，连放下的念头也要放下，让心到达时时刻刻不妄想、不分别、不执着的境界。禅修者从修习世间慧到出世间慧，会次第成就十六种观智，其中能够断除烦恼的是道智。

小知识◎基本五戒

南传佛教基本五戒为：离杀生学处（不杀生戒）、离不与取学处（不偷盗戒）、离非梵行学处（不淫戒）、离妄语学处（不妄语戒）、离放逸之因的诸酒类学处（不饮酒戒）。学处，一般指戒律，比丘、比丘尼在学习戒律时，要遵循的戒条。五戒也叫五学处，此五戒为佛教最根本的戒律，又称为“在家戒”。佛教中有很多戒，它们是以五戒为基础的，五戒持得清净，则其他的也就容易持了。

4. 基本教义

中道、缘起说、无常我

中道

根据现有的经律研究，佛陀在给第一批五个弟子讲法时，首先讲的是中道。他提出自己不苦不乐的中道学说，用以证明苦行不是正道，中道才合理。它是佛陀避免两个极端的观点和方法论，一直贯穿于南传佛教教义当中。在云南德宏傣文佛经中，有这样一个故事：天神帕雅英手捧琵琶到佛陀面前，他先把琴弦调到最高音弹奏了一曲，然后问佛陀是否悦耳，佛陀说音调太高，不悦耳；天神又将琴弦调到最低音，复弹一曲，又问，佛陀说音调太低，不悦耳；天神将琴弦再度调到平和的中音，弹毕再问，佛陀说："悦耳动听。"天神于是告诉佛陀，修行也如此，不可急于求成，走中道才行得通。

唐《说法图》（局部）

此为壁画，敦煌 322 窟出土。画中释迦牟尼在同弟子讲佛

缘起说

缘起说是佛教思想的核心，它是佛教所有教义的源泉。它是指一切事物或现象的生起都是由相对的互存关系和条件决定的。佛教中有这样一句话：诸法因缘生。佛陀的缘起论是从人生现象中发现的，他通过对人世苦难原因进行追索，提出了“十二缘起”的学说，又称为十二支，即：无明缘行、行缘识、识缘名色、名色缘六处、六处缘触、触缘受、受缘爱、爱缘取、取缘有、有缘生、生缘老死、老死。

无常无我

南传佛教中，“无常、苦、无我”被称为“三相”“三性”或“三法印”。诸行无常，诸行皆苦，诸法无我。“无常”指的是世界上一切事物和思维概念都是生灭变化无常的。整个过程是生、住、异、灭。无常是现象存在的重要特征，只有看清五蕴是无常的人，才是有正见的人。而且不仅五蕴无常，产生五蕴的因缘也是无常、苦和无我。证悟四圣谛，就是看到五蕴的无常、苦和无我。如弥多迦利比丘尼所说：诸蕴本无常，应作如是观；远离诸烦恼，佛言已实践。

四圣谛与八正道

苦、集、灭、道四圣谛是佛陀在菩提树下所证悟的，其中集指苦因，灭指苦灭，道则是指苦灭之道。

第一圣谛——苦

苦为南传佛教的第一教义，佛陀说：人生是苦，以苦为基础，苦统治着生命。世间是苦的，这是普遍真理，那些能正确看待事物的人是不能对其否定的。但承认这一事实并不完全是否定生活中的快乐和幸福。

佛陀说，人通过官能，从外境中获得快乐，得到享受，但这种快乐和享受都是不能持久的，它们时刻都在起着变化。当快乐消失或被剥夺时，人就会变得悲伤，因此，一切快乐都是痛苦的前奏。

苦可分为苦苦、行苦和坏苦三类。苦苦指的是身心的苦，如生、老、病、死、怨憎会、爱别离、求不得。行苦是指色蕴、受蕴、想蕴、行蕴和识蕴方面的苦，简而言之，执着五蕴是苦。坏苦则是指由于无常而来的苦。因此，要对苦有正确理解，就要先了解五蕴。所谓五蕴，是指色蕴、受蕴、想蕴、行蕴和识蕴。

色蕴包含四大种，即坚、湿、暖、动，一般对应着地、水、火、风四大元素。四大元素互为依存，从四大元素衍生出其他二十四种物质现象和品种，包括眼、耳、鼻、舌、身根，以及色、声、香、味、触等。简单地说，色蕴包括整个物质实体——人的身体和外界。

受蕴有三种：乐受、苦受和舍受。舍受指的是非苦非乐之受。

想蕴包括色想、声想、香想、味想、触想和意想。

行蕴也有六种，即意志指向色、声、香、味、触、法。

识蕴是五蕴中最重要的一蕴。有些人会说佛教徒的精神消极，这是错误的。佛教徒能够如实看待事物的实质，当他面对老、病、死之类的生活事实时，会勇敢地、有准备地面对，对生活有一种超然的见解和修养，不会觉得失望和痛苦，不对任何东西执着，任其自然。他们认识到，快乐是暂时的，不能持久，一切所谓世俗快乐都是短暂的。

第二圣谛——集

集，是集起之意，用来说明人生的苦是如何产生而来的。就如同治病得先了解病因，那何谓苦因呢？在早期佛经当中说，爱欲是苦的因。那么爱欲又从何处生起，在何处扎根呢？爱欲是苦的近因，它源于喜悦和快乐，眼、耳、鼻、舌、身、意处为媒介，色、声、香、味、触、法则是喜悦和快乐的外境。只要是与官能相联系的快乐，并贪图这些外境，就叫作“爱欲”。《法句》有云：从爱欲生忧，从爱欲生怖；离爱欲无忧，何处有恐怖？爱欲产生行为，行为产生结果，从而带来新的欲望和爱欲，反反复复。

第三圣谛——灭

涅槃就是指断除爱欲，得到自由，与爱欲分离，达到寂灭。涅槃是无法用语言来表达的。佛陀曾在第一次说法中提到：诸比丘，此是苦灭之真谛，完全息灭、舍离、解脱、不住爱欲。在一次答复中说到：舍弃爱欲是涅槃。由此可知，涅槃是寂灭，是爱欲断除。爱欲为苦因，爱欲断除，苦因无处生起，因此涅槃即为苦灭。但涅槃并不完全是空或自我毁灭，因为没这种必要。

涅槃是超世俗的，证得涅槃的阿罗汉彻底断除了贪、嗔、痴，不再执取于世间的事相，因此不再有烦恼，他无忧、离尘、安稳。不过他是无法向别人解说这种解脱的，因为这得靠自己体会，自己证得。

第四圣谛——道

道包括正见、正思维、正语、正业、正命、正精进、正念、正定，八正道唯佛教独有，是区别佛教与其他宗教、哲学的分水岭。其中，戒包括正语、正业和正命，定包括正精进、正念和正定，慧则包括正见和正思维。佛教的“道”是戒、定、慧，但它们本身不是目的，而是手段，三学互相支持，戒加强定，定促进慧，慧帮助人如实看待生活。

正见

正见是道的第一个因素，它是指如实理解事物的本质，理解一切现象存在的本质是苦、苦的生灭和灭苦之道。正见最重要，因为它指导其余七个因素，是佛教中的原动力。有两种情况有助于正见，一是从别人闻妙法，这是通过外界；一是从别人闻法之如理思惟，这是内部培修。听法是为了有指导方法，如理思惟则使人看待事物时不只是停留在表面，而是深入探究，开启正见。

正见有世间和出世间两种，世间正见可称为“随觉”，出世间正见则是所谓的“证悟”。

善业产生善果，承认业所作智的人知道自己生活的状态是由自己的行为所导致的，因此会在道德和精神上追求进步。这种正见形式为领悟缘起和四谛铺平了道路。

正思惟

正思惟是正见的结果，它和正见构成“慧”。人的言语行为都是以思想为根源，语言的善恶结果依靠的是思想，因此思想是很重要的。

何谓正思惟？它是指出离思想、善意和不伤害或慈悲，反面则是贪爱、恶意和伤害。当出离、善意和慈悲思想生起时，发展的是智慧，导向涅槃。要断除一切罪恶根源的根本烦恼——贪、嗔、痴，得靠正见和正思惟。痴，即无明，靠的是正见来断除，而贪和嗔则由正思惟

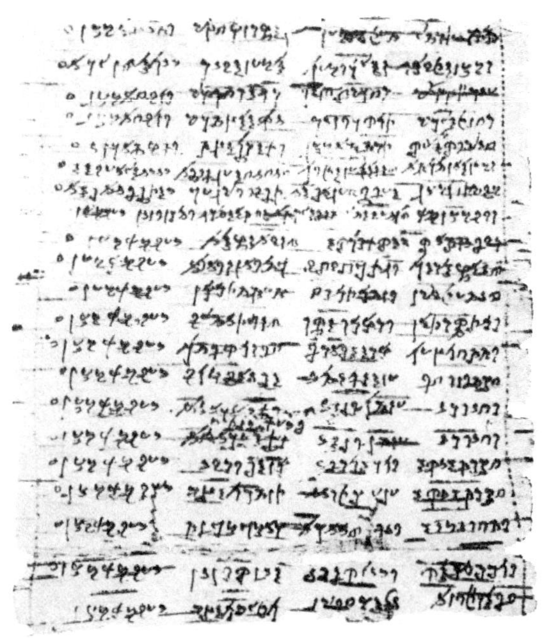

《法句经》片断

此为卡罗休谛文字所记载，现藏于英国伦敦大英博物馆

来断除。

“如盖屋不密，必为雨漏浸，如是不修心，贪欲必漏入。”因此，人要努力发展善良、正确的思想。“慈”是一种很纯洁高尚的心境，对于愤怒来说，慈念是最好的解毒剂。慈爱使世界更为光明、高尚，它是一种积极的力量。“悲”则是指怜悯或同情，它是一种好人对别人的痛苦给予同情的品德。一切道德、善行和公正都是以“悲”为基础的。这种悲不是狭义上的“悲”，比如因为亲人的逝去而哭，这不是佛陀所说的悲心，因为它是内心私爱思想的表现，佛陀所说的悲是大慈大悲，佛教的慈悲观中，一切众生都在其范畴之内，没有分别。

正语

语言是人类的一项天赋，对人类而言是很重要的。人首先要净化自身的言行，然后再去为善。同样，劝人为善，首先要纯洁语言和行为。正语包括四戒：戒妄语、戒诽谤、戒粗恶语、戒无益语。佛陀曾说：诸比丘，在饶舌的语言中，有五种不利与危险，即喋喋不休的说话人说妄语、诽谤语、粗恶语、无用语，死后生恶趣。

戒妄语，就是要说实话。诽谤更恶劣，犯了两种罪行，它不仅是假话，而且企图损害他人的名誉。梵文诗中，这种人被比作蚊虫，虽小，却有毒。戒粗恶语，则是指要说愉快、有礼貌的话。正如《法句》中所说：“对人莫说粗恶语，汝所说者还说汝。”己所不欲，勿施于人。戒无益语，即戒除无意义的话或闲话。《法句》有云：虽诵一千言，若无义理者，不如一义语，闻已得寂静。

正业

正业就是正行，主要指戒除杀生、偷盗和邪淫三种行为。

第一戒，不杀生。佛教中的“众生”，是指一切有生命、有呼吸的动物。不伤害、不屠杀生命，是佛教徒的基本标准。一切众生的快乐，取决于他们拥有生命；因此，剥夺他们的生命，是很残酷无情的。我们应该懂得停止伤害他人，培养慈悲心。

第二戒，不偷盗，只取自己分内的东西。夺取不属于自己的东西，这是错误行为。偷盗有多种形式，比如，一个雇员工作不认真，未完成分内事，但获得全部报酬，这也是一种偷盗行为；反之，如雇主未

受戒

云南西双版纳的小和尚们正在受戒

支付足够的工资，同样是一种偷盗行为。

第三戒，不邪淫。佛陀称性欲是人最强烈的冲动。人一旦成为这种冲动的奴隶，就算最刚强的人也会变弱，因此要慎重对待。佛陀禁止比丘有一切种类的性关系。但是在家信徒不必如此，不过佛陀也告诫他们，不要执着于那些为满足性欲愿望的错误方法，那会破坏你的修行。

正命

佛陀指出，正命就是不能违犯五戒中的任何一戒去谋生，一切得依从正法，凡是涉及杀生、偷盗、邪淫、妄语或者卖酒和卖毒品的工作，都不是正命。具体说来，就是在人们的日常生活中，不能以经营军械和杀伤性武器，屠宰动物、人类，卖麻醉饮料和毒品为谋生手段。之所以只举出这五种，是受当时谋生方法的局限。佛陀不只是指出普通人的错误谋生方法，他还明确指出了统治者应当采取的生活方法和治国之道。佛教典籍就谈到了国王的“十种义务”：布施、持戒、遍舍、正直、温和、不奢华、无忿、无害、忍耐、愉快。印度阿育王就由于其模范行为而被称为“法王阿育”。

佛陀入道

此为佛教故事绘画，讲述的是佛陀坐在菩提伽耶的菩提树下 49 天，最终获得了启迪

正命是最难遵守的法则，正命是为了保证给个人和社会带来真正的幸福。错误的、不正当的谋生方式，会给社会带来诸多不幸和麻烦。

对于在家人，佛陀要求至少要遵守基本五戒。而对于比丘，要有四缘，即衣、食、住、药，这些是起码的生活必需品，假若这些不充足，人的心就无法安静，更不用说道德行为和思想。在具备四缘的情况下，比丘能进入清净生活，这时该避免一切错误的生活方式，保持信念修清净之道。

正精进

在佛教中，精进是指修习善法，努力而不放逸。正精进，就是以四圣谛等教义为基础，努力修习戒、定、慧等，止恶修善，一心专注于涅槃解脱之道。作为佛教徒，要做到永远不放弃精进的愿望，永不停止精进。佛陀就是在完成圆满菩提时，正精进达到了最高峰。他虽然身体不好，但精力是旺盛的。

正精进主要有四个作用，即防止、弃舍、修习和随护。防止精进是指不让恶与不善思想在心中生起；弃舍精进是指弃舍已生的恶与不善思想，抛开、抵制这些欲念，使其最终息灭；修习精进是指生起善思想；随护精进则是指护持有益之定境。以上四种就是四正勤，有偈文如下：止舍修护四正勤，由彼日属教众生；于此比丘勤精进，达到苦尽入无生。四正勤是为了修定成功，这也是它们的唯一目的。通过正精进，精神上进步的障碍、邪见和不善思想得以排除，从而获得了健康的心理因素，有利于定的发展。

不只是修定的时候需要精进，在日常生活中，也同样需要。在修正精进时，要真诚于自己的思想，要努力锻炼我们的心，发展内心最好的方面。当心以正精进和正见集中在正思惟上时，能产生巨大的效果，带来健康轻松的生活。

正念

修行者将思想固定在某个对象上，专注地观察它，这叫作念。以正确的方法来修习念，从而形成一种精进、不放逸的力量，就是正念，正念最早出自于《四念处经》，是佛法的核心。一个人如缺乏正念，学得再多也无益，有学问的人，缺乏最重要的正念品德时，是无法看到事物的前途的。

正精进、正念和正定是修定的三因素，三者互相关联，但其中正念是最重要的。它避免了错误指导的注意力，指导拥有者在正确的道路上走向清净和自由。正念能使人观察力增强，帮助正思惟和正见，在心烦意乱时培修正念是很重要的。

正念的观察对象是身、受、心、法，南传佛教很注重“四念处”的修行。修身观时，观自身出入息、身体姿势、身体之物质元素等，观他人身体，通过修身观知道身体真实性质，看清身体现象是一个过程，从而不执着于身体。修受观时，当体验某种受时，要自知。如体验苦受时，自知 “我体验苦受”。这种正念帮助人以分析的看法来体验所有的受，慢慢发现有受皆苦，但受只是一种过去的现象，从而做到无我。修心观时，知心有贪，则作为有贪，心无贪，作为无贪；定心，作为定心，非定心，作为非定心，等等。如此修心观，让人知道控制心，不受它的支配。总而言之，正念就是观身不净，观受是苦，观心无常，观法无我。

正定

正定是指人身心寂静，正住真空之理，决定不移。它产生止和观，唯一目的是证得心解脱，得到无上的安宁。修心静的人内心很少是混乱的，一切形式的定都是导致精神健康的，是为控制和缓和精神紧张状态所做的一种努力。因此定应该被运用到日常生活当中，每天努力修一点静观。

定分为两种形式：止和观。止即入定，心一境性；观是观慧，用佛法观察实相。佛法中将住心于一境而不散乱称为“三摩地”，意为“不生不灭、不增不减之处”。因此“止”并非不起念，而是心念保持在单一之定境中。止和观是同时有的，是平行的，一方面是心的静止，另一方面是敏锐的观察。

大修定过程中，有五种特殊的障碍，即贪、嗔、睡眠、掉悔和疑五盖，心被这些思想缠住时，邪恶与不健康的思想就会产生，所以应当发展五种有益的心理因素，即寻、伺、喜、乐和一境性，它们与五盖相对立，压服住各种障碍。

八正道是很平实、生活化的实践法门，它们不仅是出世解脱道的实践法门，也是生活中人人都该遵守的道德准则。

三　云南的南传佛教

云南是我国南传佛教的唯一流传与分布之地。本部分将从以下方面对云南地区的南传佛教进行细致的说明：云南南传佛教传入进程、派别、僧阶制度、南传人物、吉祥物、对云南日常生活和文化艺术的影响，以及与汉传佛教、藏传佛教的对比。

1. 南传佛教入滇

南传佛教入滇进程

南传佛教经缅甸传入我国云南省与缅甸毗邻的边疆地区，主要分布在今天的西双版纳傣族自治州、普洱地区、临沧地区、德宏傣族景颇族自治州和保山地区，信奉民族有傣族、布朗族、阿昌族和佤族。信教人数最多的为傣族。而关于传入时间，目前的说法存在出入，有的说 6 ～ 8 世纪，有的说 13 ～ 16 世纪，也有的说公元前后就已经传入了。

西双版纳佛教界将南传佛教初传期认定为 724 年，但这一时期佛教其实并未广泛流行。1180 年，佛教再次由泰国清迈经缅甸景栋进入西双版纳，逐渐流行、发展起来，这才算是云南南传佛教传入的时间。南传佛教在明代达到繁荣时期。临沧地区和普洱地区的耿马、孟定、双江、沧源、孟连、景谷等地的傣族是于 14 世纪间迁来的，这些地区的南传佛教则是 15 ～ 16 世纪由缅甸的景栋传入的。而德宏地区的南传佛教大约在 13 世纪传入。德宏除了盈江县归城有一所大乘佛教寺庙外，其他都为南传佛教。由此可知，6 ～ 8 世纪和 13 ～ 16 世纪两种说法立足点不同。

南传佛教扎根德宏后，未再向北扩展，原因主要在于民族与地理两方面。德宏傣语的音译，“德”为下面，“宏”为怒江，意思是“怒江下游的地方”。德宏东北部为腾冲和龙陵，为西迁而来的汉族聚居地，汉传佛教盛行；其北部为高黎贡山和怒江大峡谷，交通十分不便。而且两边气候也大不相同：德宏一带属准热带气候，而保山地区则是典型的亚热带气候。这些原因使得德宏成为南传佛教与汉传佛教接壤之地、南亚文化与中原文化的中介地带。

在南传佛教传入之前，傣族有自己传统的原始宗教，其内容有巫术、咒语、生殖崇拜、植物崇拜、猎神崇拜、祭谷魂、祭祀祖先等。佛教传入之初，自然而然会受到原始宗教的抵制，这也是佛教在初传时期无法广泛流行的重要原因。傣族民间流传的谷魂叫“雅欢毫”（意为谷魂奶奶），传说这位谷魂奶奶曾直言不讳地对佛祖说，她既不认识佛祖，也不信佛，她比一切神都伟大，佛祖闻之非常生气，欲与其斗法。这个故事曲折地反映了原始宗教与佛教的争斗。

南传佛教与傣族的原始宗教进行了长期、反复、激烈的斗争后终于稳定下来，原因主要有以下几点：南传佛教传入时，云南深受战乱影响，佛教所弘扬的“因果报应”教义迎合了人民精神上的需要；南传佛教为一神教，佛祖至高无上，这对于封建领主来说，是最佳的思想武器；南传佛教禁止杀生，这有利于保护傣族地区牛、马等主要生产力；南传佛教很多教规有利于维护社会治安，有利于社会进步。

如今，南传佛教与原始宗教在云南并存，在西双版纳地区，原始

云南的南传佛教寺院

云南是我国南传佛教唯一流传与分布之地

原始祭祀

云南西双版纳基诺山上的原始祭祀活动，基诺人身穿节日盛装，表演原始舞蹈

宗教为第二大宗教信仰。虽然两者并存，但并不意味两者相互渗透。原始宗教和南传佛教都是相当保守的，自身各有一套保守且完整的礼仪与制度，两者互不干涉。一个普通的村民，既参加原始宗教的祭祀活动，也参加南传佛教的拜佛活动。

经过长期的发展，云南的南传佛教以西双版纳地区的最有代表性。西双版纳景洪与泰国清迈、缅甸景栋、老挝琅勃拉邦齐名，被称为南传佛教四大中心之一。西双版纳州内的文物古迹，与南传佛教有关的佛寺和佛塔等占 90% 以上，它是我国的南传佛教圣地。

云南南传佛教派别

佛教徒拜佛

云南德宏寺院外满是拖鞋。因为入寺不可穿鞋，所以为方便脱鞋，人们一般穿拖鞋，从而形成云南十八怪中的“鞋无帮”

云南的南传佛教分为 4 个派别：润派、摆庄派、多列派、左抵派。润派又分为“摆罢”“摆孙”两个支派，多列派分为“达拱旦”“苏特曼”“瑞竞”和“缅坐”四个支派。这些派别并不是在传入云南后才形成的，而是在之前就已经形成了。

泰国东北部，以清迈、景海为中心，为古代兰那泰人生活的地方。“润”是我国云南傣族对他们的称呼。清迈古称为“勐润”，因此“润派”佛教就是指从那里传入的佛教。据《佛陀之教圣事大记》的记载，润派佛教最初是由斯里兰卡传到兰那，然后再由此地传入到缅甸景栋等地，之后传入云南边疆地区。一批兰那比丘以应达班约为首，到斯里兰卡学法后，回兰那建立了第一座正规佛寺——莲花塘寺。之后另一批比丘以年达班雅为首，到斯里兰卡和蒲甘学习，回兰那后也建立了一座佛寺——花园寺。后来两者成为两派，以莲花塘为代表的派别为莲花寺派，也叫“摆罢”，以花园寺为代表的为花园寺派，也叫“摆孙”。

西双版纳与清迈、景栋地区相连，为兄弟之邦，交往密切，因此，润派也就随着人们的交往，从清迈经缅甸景栋传到云南南部。约在

1369年，“摆罢”的700僧侣以雅那卡皮拉长老为首，经清迈到缅甸景栋等地区宣扬教法，并建立了景栋城区第一座佛寺——宝象寺，之后，佛教进入西双版纳的西定布朗山区，勐遮、勐海、勐混等坝区。“摆孙”以西卡班若长老为首，也到景栋宣扬教法，建立了景栋城区的第一座摆孙佛寺——红林寺，之后佛教传入西双版纳的大勐龙、景洪和勐罕等澜沧江两岸地区。德宏自治州和临沧地区的润派佛教传入时间则比西双版纳晚一些。在我国，以西双版纳为代表的西双版纳、孟连、耿马、双江、景谷、孟定等地区以润派佛教为主体。

五云寺

五云寺位于云南芒市，又称金寺，为芒市始建的第一座佛寺

摆庄派又叫寺院派，主要分布在德宏州的芒市、瑞丽、盈江、陇川和连山等地区，另有保山地区的傣族、德昂族、阿昌族等地区。摆庄派为缅甸佛教派别。摆庄派的戒条较宽松，僧侣可养家禽，可杀生、食荤，还可吸烟饮酒，佛寺建于村寨中。摆庄派和润派有着密切的关系，两派的经典、戒条和诵经方式相同。此外，这两派的寺院和僧侣最多，教制更完善，影响最大，它们是云南南传佛教的主体。

多列派分为达拱旦、苏特曼、瑞竟和缅座（均为缅语）四个支派。达拱旦派教徒因将袈裟折叠搭在左肩上而得名。达拱旦派原分布于德宏州的芒市、陇川、盈江、梁河与潞江等县，经过发展融合，这些地区大多已变成摆庄派，仅剩芒市、遮放地区还有少数信众。

苏特曼派分布在德宏的瑞丽和陇川，寺院不多。因缅甸瑞竟派到德宏盈江宣教，盈江一些村寨的摆庄派改学瑞竟派。而耿马县孟定区瑞竟派传入时间比德宏早。瑞丽县某村内的某寺为缅座派，其教徒受戒时将坐垫的麂皮折叠搭在左肩上。

多列派持戒相对较严，坚持过午不食，但可食三净肉；在重大节日或是念经时才可以穿袈裟。德宏地区以多列派居多，以瑞丽为代表。而且，德宏地区的摆庄派和润派也正出现向多列派转化的趋势。

“左抵”，其缅语意为诚心，该派是从多列派中派生出来的。其创始人为缅甸芒海人窄拉，由仰光传入德宏芒市。左抵派持戒最严，僧侣素食，过午不食，不杀生也不养家禽，佛寺建在村寨外，允许妇女出家当沙弥尼。因持戒过严，信徒不多。目前只有芒市有左抵派的佛寺，有寺无僧。

南传佛教的僧阶制度

各地区和各派别的僧阶存在着差异，在各地称谓也有差别。

西双版纳、普洱、临沧地区的润派僧阶分为八级，为帕（沙弥）、都（比丘、佛爷）、祜巴（都统长老）、沙密（沙门统长老）、僧伽罗阇（僧主长老）、帕召祜（阐教长老、佛师）、松迪（僧正长老）、松迪阿戛牟尼（大僧正长老）八级。

“帕”是僧侣的泛称，出家的男孩一般被称为“帕诺”，年龄大一些，但未受比丘戒的称“帕”或“召帕”。20岁受比丘戒后则正式成为小佛爷，

佛爷

此为布朗族的一位佛爷

便可主持佛寺活动，担任寺院住持。之后小佛爷认真修行，学习有关佛爷的修养、戒律和佛经，待所在寺院的大佛爷空缺后，经都统长老许可，可晋升为大佛爷。年过40岁后，如德行高、具备丰富的佛学修养，则可晋升为都统长老。一般在同一教派和行政区域内，都统长老不能超过4人，都统长老的晋升是当地一个重大喜庆事件。而都统长老以上的晋升更为严格。在很长一段时期内，西双版纳的大僧正长老职位只授予傣族和布朗族僧侣各一人。

摆庄派的僧阶和多列派相同，分为沙弥、比丘、长老和大长老四级。左抵派只有沙弥一级，分大沙弥和小沙弥。

小知识◎云南南传佛教涉及地区

思茅区、景东、景谷、孟连属于普洱市，双江、耿马、沧源属于临沧市，芒市、瑞丽、梁河、盈江、陇川属于德宏傣族景颇族自治州，景洪、勐海、勐腊属于西双版纳傣族自治州。

2. 吉祥物

孔雀

一说起傣族，很多人会自然地想起孔雀舞。穿着民族服装的傣族姑娘们跳起孔雀舞来灵动、优美动人，形象深入人心。傣族民众喜爱孔雀，它是人们心中的吉祥鸟，它优美娴静，是美丽、善良、幸福的象征。而且，它还是南传佛教的吉祥象征，是南传佛教的神鸟。佛在550次的轮回中，曾轮回为孔雀身。

傣族民间流传着很多关于孔雀的美丽神话故事，如《佛与孔雀舞》，故事讲述的是佛祖去看望孔雀，将雄孔雀的羽毛变得珠光宝气，并叮嘱拜佛节时再相会。到那天时，因为佛被人们团团围住，孔雀们无法接近佛，于是在人群外面展开彩屏，跳起孔雀舞，于是人们让开道，让孔雀将五光十色的孔雀翎敬献给佛祖。从此孔雀舞就代代相传，人们以孔雀翎献佛，跳孔雀舞求吉祥。《召树屯》讲述的就是召树屯王

孔雀舞表演

傣族泼水节上的孔雀舞表演，舞者所戴的是孔雀舞面具

子与孔雀公主生死相爱的故事。

在信仰南传佛教的傣族、布朗族和德昂族等地区，孔雀舞常作为一种祭祀佛祖的宗教性舞蹈演出。有人研究得出，孔雀舞的手势有着不同的佛教象征意义。比如舞者将孔雀嘴手形贴在心窝处，表示已将神佛放在心中最美的地方。由于开屏最美的是雄孔雀，因此以前是由男子跳，后来发展成为以女性为主体的独舞和群舞，著名的有杨丽萍的《雀之灵》、刀美兰的《金色的孔雀》等，这也可算是一种时代的发展。

除了用孔雀舞来表示对佛祖的崇拜以外，佛寺建筑自然也缺少不了孔雀这种元素，人们会发现佛寺到处有孔雀雕饰。而在世俗生活当中，他们从不猎杀孔雀，有的人还驯养孔雀，西双版纳更是素有“孔雀之乡”的美称。

白象

在傣族人心中，孔雀是幸福、吉祥的象征，白象则是风调雨顺、和平安宁的象征。傣族对象的崇拜，最先来源于傣族的图腾崇拜，佛教传入以后，象变成了佛的威仪动物，傣族将白象奉为神。在佛经中，象有巨力，表示能堪重负；呈白色，代表纯洁无杂念；象牙代表菩提无漏六神通；象足则表示如意。和孔雀一样，大象不能滥杀，因此西双版纳的象数量居全球之首。

与大多吉祥物一样，对白象的崇拜也可从佛经故事当中找到源头。传说佛祖入母胎时曾化作白象形，缅甸人据此认为白象是佛祖的化身，白象在缅甸受到最高的尊崇，被视为镇国瑞兽。在泰国清迈，著名的双龙寺据说是一座由白象选址的寺院。我国南传佛教主要受到缅甸的影响，因此也崇拜白象，视白象为南传佛教的吉祥物。

傣族人对白象的崇拜形式丰富多彩，最隆重的当属“赕白象”，这是傣家人的一项民俗，也是一种宣传佛教徒慷慨布施精神的宗教活动。“赕白象”一般在春季举行，持续三天，届时主赕人请和尚在佛寺诵《维先达腊本生》等经，还会抬着竹制的白象、马鹿等串寨子，最后将白象等物抬进佛寺献给佛祖，并大宴宾客。对于主赕人来说，能够出资举办一次赕白象活动是一种荣耀，会载入家谱。

此外，白象的塑像在傣家村寨也随处可见，水井旁、寺庙建筑有塑像，寺庙墙上有象的壁画，家里有各种象的工艺品，在傣族的节庆

白象舞

傣族的泼水节上，傣族人在进行白象舞表演

和宗教活动中，能看到象脚鼓舞和白象舞。象崇拜渗透到了傣族社会生活的各个领域当中。

五树六花

自从佛陀在菩提树下入道成佛后，佛教便与植物有了不解之缘。在佛经中，“五树六花”是寺院必须种植的几种植物。“五树”指的是菩提树、高榕、槟榔树、贝叶树和铁力木；“六花”指的是莲花、鸡蛋花、缅桂花、红木槿花、刺桐花和凤凰花。在傣族居住区，每村每寨、每家每户都要栽种这“五树六花”，它们是傣家人的象征。“五树六花”

源于图腾崇拜，在佛教传入以后，菩提树、高榕、贝叶树、铁力木和莲花这“四树一花”演化成了南传佛教“五树六花”的礼仪植物。

因释迦牟尼是在菩提树下入道成佛的，所以在佛教徒心中，菩提树是“圣树”。傣族人民十分崇拜菩提树，对菩提树精心保护，如果发现菩提树苗，会主动设置栅栏以防受损。此外，傣族人民认为，今生栽种菩提树，来生就能获得幸福。在种植时还会边种边唱种植菩提树歌谣:“吉祥的树哟,圣洁的树,愿你在傣家人居住的地方茂盛生长。”而且据说在傣族的旧寨规中，砍伐菩提树的人要被处死，其子女也要被贬为寺奴，到佛寺赎罪。可见菩提树在傣家人心中的地位。

高榕与菩提树同为桑科榕属，为高大乔木。在佛经《菩萨西咱》中，记述了佛祖在成佛之前曾依附高榕树静心修炼，因此，傣家人也对它十分爱护，视为神树，不能砍伐，许多还被当作寨神，来庇护村寨的安宁。同样，在栽种高榕时，会举行仪式，并唱《栽树歌》。枝繁叶茂的高榕树成为傣民族的文化特征之一。

贝叶

傣家人正在整理贝叶。用于抄写经文

说起贝叶树，人们就会想到贝叶经。是的，佛教中有名的贝叶经就是用贝叶树的叶片制作而成的，它源于古印度，已有2500多年的历史。人们将贝叶裁剪好，压平，用水煮后晒干，然后在上面用铁笔刻写文字，之后涂上植物油，装订成册，这就是贝叶经。因为这样，贝叶树受到敬重，佛教徒将它作为寺院不可缺少的树栽种，既方便取叶制作经书，又美化了环境。西双版纳发现的贝叶经有巴利文本和傣文本。贝叶经承载了傣族的文明，它是傣族文化的根。贝叶经内记载了大量的佛经故事、佛教经典、傣族民间故事、神话与传说。西双版纳的 500 多座佛寺里面，保存了多达 5 万多部的贝叶经。

铁力木为云南所特有的一种乔木，为国家二级保护植物。它与佛教具有联系，主要是由于其用途。其种子含油量高达 74%，种子所榨出的油专门用于点佛灯。所以，它和贝叶树一样受到人们的保护。

莲花是与佛教有密切联系的。在佛经当中，莲花被称为佛教圣花，寺庙被称为“莲舍”，佛国被称为“莲界”，袈裟被称为“莲服”，和尚行法手印被称为“莲华合掌”，甚至佛祖也被称为“莲花王子”。佛教之所以如此崇拜莲花，一是受到古印度崇拜莲花习俗的影响，二是与其特性有关。莲花出污泥而不染，它象征着圣洁、超脱、四大皆空；而且，在百花中，莲是唯一能够花、果、种子并存的，这象征了佛“法身、报身、化身”三身同驻。我们可看到，所有尊者、菩萨佛像都坐在莲花宝座之上，莲是佛国净土的象征。人们拜佛时，一般会手捧莲花，表示对佛的虔诚。所以，莲花成了佛门的礼仪花卉。

3. 云南南传佛教面面观

男孩出家

出家习俗

南传佛教提倡出家修行，他们认为，人如果在生前没有积善修行，那么死后就会下地狱受苦受难。泰国法律甚至还规定，国王必须出家一次，然后才有资格继承王位。西双版纳傣族全民信仰南传佛教，因此傣族男子都要到佛寺内去过数年出家修行的生活，有的还不再还俗，一生为和尚。德宏地区则没有人人入寺的传统，在家信众为多数。

在傣族，“佛寺是学校，佛爷是教师；经书是课本，和尚是学生”，这是傣族祖祖辈辈流传下来的传统。对傣族人来说，只有当过和尚的人才是有教养、有学问的人，才会赢得社会的尊重。没当过和尚的人则被称为“岩百”“岩令”，即没有知识、不开化的生人、愚人，他们会被人看不起，而且难以找到伴侣。因为傣族是个崇尚知识的民族，假如谁家的男孩子没有进过佛寺，没有什么文化，是不会赢得姑娘们青睐的。

小和尚学习文化

西双版纳勐混乡的小和尚们正在学习文化

不过，傣族男孩并不是直接进入寺院进行受戒，在这之前，他们需要进行预备期训练，从而对寺规具有基本的认识。所以，一般傣族男孩在年满 7 岁后，父母便会将他送入寺内当见习和尚，其间主要是学习傣文的字母和南传佛教的礼仪，接受出家修行前的教育。当他们对佛教礼仪和教规有了一定的了解之后，便正式出家修行。

初入寺受戒者被称为和尚，和尚又有大小之分，傣语称帕异（大和尚）和帕囡（小和尚）。以后，随着年龄的增长，以及对佛经教义等掌握的程度，可依次晋升。如无特殊情况，升为祜巴的僧侣将不再还俗，不想一生当和尚的，一般当到大佛爷便还俗。这种还俗的僧人被称为“康朗”。在傣族村寨中，“康朗”很有社会地位、颇受人们尊重，他们通文识字、懂规矩识礼数、能写会算，各种庆典和祭祀活动一般由他们主持。

赕路皎

小男孩出家当和尚，叫作“升小和尚”，这是村寨中的大事，届时会举行隆重的仪式，傣家人将这种仪式称为“赕路皎”。每个傣家男孩在入寺当和尚前，都要在寨子里选一个有德、且有一定财力的人作为“波奥”（即干爹），由“波奥”负责和承担操办孩子出家的仪式及费用，而且以后一生都有教育、养育的义务。孩子皈依佛门后，将成为傣族社会里有教养的人，他在以后所取得的一切荣耀和成就，也会成为“波奥”的荣耀。所以，能做孩子的“波奥”算是功德无量的一件事情，人们多会欣然为之。

出家前，要在家进行洗礼仪式。这期间，“波奥”和孩子父母两家要同时备上酒席，大宴宾客，进行一番庆贺。之后进行给小和尚沐浴洗礼的仪式。男孩脱光衣服站在水槽下，亲人中所有的长辈轮流用瓢舀起“吉祥水”，也就是撒有香水的温水，给“准和尚”沐浴洗礼。

洗礼

即将入寺的小男孩在接受“吉祥水”的洗礼

洗礼后，小男孩不再穿傣家男子通常所穿的筒裙，而是换上一套上面绣有花边的鲜艳衬衫，腰上系一根亮晶晶的纯银腰带，肩膀上搭一块绣着好看图案的披肩，最后系上一块头巾。从这时起，他们就被人们称为“路皎”。

之后，男孩的双脚不能再着地，吃的、穿的、用的等都有别人来帮助，如果必须要在地上行走，得一步紧挨着一步地挪着走，以免踩死地上的蚂蚁或是一些看不见的小动物，造成杀生。所以他们一般坐在屋内，亲朋好友前来拜贺。之后就由“波奥”家的长辈前来，一起为其举行“拴线”仪式，为其祝福。在拴线祝福前，亲人们会将手搭放在放有棉线的蔑桌上，这象征着亲人们委托孩子将心愿带给佛祖。同时，长辈将一个上面用傣文写着出家人法号、年月日及师父名字的文书用白布包好，拴在小男孩的头上，之后出家的小和尚正式有了法号。

之后“波奥”为男孩穿戴好彩衣彩帽，以前主要用背或是马驮的方式将男孩送入佛寺，现在更多的是乘坐各种交通工具，如摩托车。围观者则一路向入寺男童抛撒米花，以示祝福。进入大殿后，男孩跪地接受该寺住持为其举行的授袈裟和穿袈裟仪式，就正式成了连父母进寺院也得跪拜的佛家弟子。

寺院生活

成为正式和尚后，他们便长住于寺中，在佛寺内集体食宿，早晚在大和尚与佛爷的指导下学习傣文，进行拼、写、阅读训练。其他时间和普通孩子无异。佛寺的这种教育形式被人称为“寺塾”或“佛寺教育”。在佛寺中，除了佛教教义以外，傣家男孩还能学到贝叶经中所记载的数学、天文、历法、傣医等知识，傣族文化得以传承。如今，由于九年义务教育法的普及，他们无需再到佛寺学习。但是很多傣族人还是保持着将小孩送往佛寺当和尚的习俗。这一习俗在傣族人心中已根深蒂固。

佛教节日与赕佛

云南为多民族地区，有众多的节日，而其中绝大部分节日与佛教有着密切的联系，其中最有影响力的为泼水节、关门节、开门节等。它们是傣族的三大传统佛教节日。

泼水节

卫塞节，是南传佛教纪念释迦牟尼诞生、成道及涅槃的节日，为佛教最重要的节日，东南亚和南亚的国家都会举行盛典。因佛祖出生、悟道和涅槃的日子都为五月的月圆之日，因此后世的佛教徒将这三个日子放在同一日纪念。“卫塞”，在印度古梵文中即为“月圆”。每年的卫塞节都根据历法而定，而且在不同国家的称呼不同，在中国大陆称为“佛诞节”，在云南地区即为“泼水节”。

傣族的泼水节又叫“浴佛节”“洗佛节”，为傣族的新年，它是傣族、德昂族最隆重的传统节日。它源于印度，大约在12到13世纪经缅甸随着佛教传入云南的傣族地区，然后成为一种习俗流传下来，现已有700多年的历史。2006年，经国务院批准，泼水节被列入第一批国家级非物质文化遗产名录。

泼水节在4月中旬，持续3到5天。前几天为除旧，最后一天为迎新。第一天叫“麦日”，相当于除夕；第二天叫“空日”；最后一天叫“宛叭宛玛”，即傣历的新年第一天。在“麦日”清晨，男女老少就要沐

浴佛

云南景洪地区的傣族泼水节，正在进行浴佛仪式

浴更衣，身穿盛装，采鲜花入寺拜佛，斋僧，在寺院中堆沙造塔，然后围塔而坐，听僧人说法诵经。之后把木制佛像抬到院中，给佛像洒清水洗尘，进行洗佛仪式。

礼毕后，就进行群众性的泼水活动，相互泼水祝福，人们被泼得越多越高兴，因为这象征着幸福。活动场地到处充满了欢声笑语，形成一个欢乐的海洋。

除了泼水节目，还会举行划龙舟、跳象脚鼓舞、跳孔雀舞、跳“依拉贺”舞、放高升、放孔明灯、放焰火、斗鸡、丢包等娱乐活动。其中丢包是傣族未婚青年的专场游戏，是傣家儿女一种生动的表情达意的方式。“包”由傣族姑娘用花布精心制作而成，内装有棉籽，通过丢包、接包，傣族小伙子与姑娘互相结识，表达爱慕之情。

关门节

泰国、缅甸等热带国家一年分为热带、雨季和凉季。根据佛制戒律，雨季中的三个月期间僧人不能云游，他们安住在一个固定的住所精进禅修。以前比丘是不分季节云游的，一次夏日，雨水骤涨，比丘所带物件全都漂失，而且在慌乱中践踏到草木、伤害到虫蚁，于是佛陀制定在雨季三个月之间安居的戒律，此为佛教雨安居的由来。云南地区将“入雨安居”称为“关门节”，傣语为“进洼”，意为“佛主进寺”。

傣历的九月十五日到十二月十五日（约为公历的7月中旬到10月中旬）雨季比较集中，因此关门节于此段时间举行。傣族的南传佛教徒们将这3个月时间划分为12个7天，每7天都要举行一轮宗教活动，叫作“赕星”，意为礼佛斋戒。在第一个赕星日，也就是关门节的第一天，家家户户杀猪宰牛，备好丰盛的食物和水果，端上用蜡光纸粘制而成的花树、蜡条、糯米饭，纸糊的亭、塔以及佛器到佛寺举行拜佛诵经活动。傣族人无扫墓祭祖的习俗，但在关门节的第一天，他们会在佛寺将礼品一人一份地献给先祖，并行滴水礼，听佛爷诵《滴水经》，表示对先祖的追思。之后的每7天都要举行一轮赕星，由村民分成小组，每组负担一次斋僧布施，直至结束。

在关门节期间，佛教徒进入禅定修习的阶段，禁出寺院。小和尚不参加，他们只需每日诵经礼拜，做服务性的工作。虔诚信佛的老者还会自觉斋戒，身穿白衣，包白布头巾，到寺内住宿。而在村寨中，这段时间不举行婚嫁，不建新房，不举行重大娱乐活动，但要定期到佛寺拜佛，举行一次盛大的“赕坦”活动，即献经书，每户都要抄一部经书送进佛寺，跪在佛像前，听僧侣诵念，届时诵经声不绝于耳。

开门节

关门节最后一天，南传佛教地区开始过开门节，它表示关门节以来的安居斋戒结束。开门节是傣族、德昂族、布朗族和部分佤族的节日，在傣历十二月十五日举行，为期 3 天。“开门节”又叫“出洼”，意为送佛出寺。在这一天，傣家人都要盛装前往佛寺拜佛，向佛祖进献食物、香烛、鲜花等供品。老人们将进洼时所送出的供品取出烧掉，取“出洼”之意。傣历十二月十六日举行“出洼”仪式，未婚的少女都要进寺拜佛，谢开禁之恩。“出洼”后紧接着举行的是“干朵节”。这是个向佛祖忏悔的节日，同时也有欢庆丰收的意思。之后，傣家人

进献供品

傣家人在赕佛，进献食物、礼品和钱币等

的文娱活动也逐渐多了起来，大家相互串门，生活恢复正常。

赕佛

之前我们提到了“赕白象”“赕路皎”“赕星”和“赕坦”，那么，何为“赕”呢？“赕”，即傣语中的“供奉”“布施”，做赕是傣家人生活中的一个主要部分，是不可缺少的风俗之一。一年 12 个月里，多个月份都有“赕”。

傣家人视赕佛为义务，也认为通过赕佛能获得很多好处，如：赕了佛，生前会受人尊敬，死后能升天，否则生前会生病，死后要遭受痛苦；赕了佛，下一代能长得更漂亮，活得更幸福，父母死后有吃有穿。而且，不赕佛的人是不知佛教道理的外人。所以赕佛既可为自己，也可为亲人积德、修来世。

傣家人主要的“赕”有赕新年、赕关门、赕开门、赕塔、赕萨拉、赕坦、赕星、赕岗、赕帕、赕白柴、赕路皎等，可分为四类：节日赕、集体赕、家庭赕和日常小赕。可见赕佛的形式之繁多。其中，我们对赕新年、赕关门、赕开门、赕坦、赕星与赕路皎等活动已有所了解，不再赘述。下面我们对其他赕佛形式进行一一了解。

赕塔，又叫拜塔，它是傣家人保持了千百年的习俗。佛塔是信奉南传佛教的傣家人心中的圣物，他们认为佛塔中有佛陀的骸骨，因此赕塔是傣家村寨的大事。在傣乡，赕塔为一个节日，时间在开门节和关门节之间，选月圆之日，要对每座佛塔进行赕塔仪式。届时，佛家弟子会制作好纸花树，在树上贴好钱币和纸花，带上供品，在佛塔前进行供祭、诵经和行滴水礼。傣家人手举蜡条，绕着佛塔转三圈，祈求来年风调雨顺、五谷丰登。

赕白柴节为傣族、布朗族、德昂族等居住的地区的南传佛教节日，

拜塔

西双版纳的勐遮大白塔前，傣家人在拜塔

各族的节日时间不同，傣族为正月十五，布朗族为阳历 12 月 14 日。此节处于天气寒冷之时，为给佛祖取暖而设。节日当中举行赕白柴。在节日之前，信众里的青年男女就到山上砍好白柴备用。节日当天夜晚，将白柴堆成亭状，顶层放易燃物，中层悬挂鞭炮，有的还会挂有吉祥物。先由比丘、沙弥诵经，向佛祖乞求保佑，赐福于民。半小时后，由长老点燃易燃物，一时鞭炮阵阵，烈焰冲天，十分喜庆。之后，长老率念经的比丘和沙弥到村外的林中修行 7 日，7 日后又到广场念经，到日出后结束。

赕萨拉，意为超度亡灵，为家庭赕。各地的时间不一致，多在傣历九月至十二月期间举行，需时 3 天。届时，傣家人拿着用纸扎好的

做赕

傣家人在做赕，他们相信做赕能让自己和家人幸福安康

牛、马等动物和冥房、冥阁（傣语中称“帕萨”）等到寺内祭祀先人，并向佛寺内的僧侣施赠财物和食品，并带上佛教经典、与佛有关的其他典籍，加上食物贡品进入佛寺，跪在佛祖塑像之前，请佛爷诵念，之后佛经交给佛寺收藏。在夜间，还会举行放烟花、击鼓等活动。

赕帕在各地时间不同，一般是在傣历的十二月十五日。赕帕，意为“送袈裟”，其实是给佛爷、和尚送做袈裟的布料。届时，每对夫妇准备一段能够做袈裟的黄布，布料质地越好，越显虔诚。在赠袈裟的过程中，佛爷会为他们念经祝福。

赕岗又叫“松山卡”，一般在傣历的五月十五日，它是以“勐”为单位的佛寺主持聚集中心佛寺诵经拜佛，推算当年三大传统节日的日子。同时，在这个日子里，还要检查僧侣的违规情况，讨论并实施僧侣的晋升事项。在赕岗期间，佛爷们每天两餐，晚上不得讲话。

另外，“赕打疗”在插秧之后举行，求丰衣足食，人畜安康；“赕老轮瓦”为庆祝谷子收割；“赕迫帕召”为修补佛身；“赕暖帕短”是赕年满50岁不再还俗的佛爷；“赕柯蒙”为修桥；“赕毫高崩”是求病人痊愈，等等。此外在家中为化缘僧侣提供餐饭，此为日常的小赕。傣家人一年必须至少做赕7次，即赕新年、赕关门、赕开门、赕星、赕坦、赕岗和赕帕。

南传佛教与傣族日常生活

南传佛教广泛流传于我国云南的西双版纳、普洱、德宏等傣族居住地区，它对这些地区的经济、政治、文化有着深远的影响。可以说，南传佛教构成了傣民族文化和民族心理的基本要素。这种内在影响的外化表现是，傣民族日常生活的各个方面充满了深厚的宗教色彩。傣族学者岩诺甚至指出：每个傣家人从出生的那一天起，就已融入南传佛教文化。

取名习俗

历史上，傣族人是没有姓氏的。傣族人的姓氏来源于以下几个方面：身份地位的象征或尊称，如罕、金、刀、俸、陶、思等；居住地，如宋（高处、路上方）、南（水沟边）；以出家当和尚冠姓，如当过和尚的，在名前加“贺”“尚”等，不过很少沿用；与汉人通婚后用汉姓；随老师或自己所敬重的人的姓；以信仰为姓，傣族的“胡”姓就是由“佛”姓演变而来的。

傣族的取名习俗也有浓厚的佛教色彩。好比修行秩序是从低到高，如不同级别的佛名依次为坦、帕嘎、累、体、约；同时，傣族取名也是按出生的顺序依次取名，不能越级或者颠倒。要是老大叫坦究，老二只能取带“帕嘎”的名字。名字的含义也有佛教意味，“坦究”意为佛祖保佑。另外，在佛教的重要节日如关门节（豪洼）期间出生的人，家人往往为其取带有“洼”字之名，表示吉利、吉祥的意思。

瑞丽地区的取名方式也很有趣。此地的傣家人多数是没有姓氏的，小孩出生时即取乳名，方式是按七天一周期（即虎、狮、象、鼠、牛、蛇、鸟）的属相分别取名为罕、静、坐、灭、散、吞、旺。长大后则请佛爷或长老取“帕嘎”名号。如在佛寺当过小和尚、大和尚，还俗后在名字后加上僧阶称号；如是佛爷还俗，则加“塌”字。另外，如果是在关门节期间出生，乳名后得加上“路”字；如果是在佛寺打过杂，后加“奘”字。

丧葬习俗

早期的傣族信仰原始的万物有灵，人去世后大多进行水葬和土葬。南传佛教传入后，火葬开始盛行，但土葬仍然保存了下来。

傣族人去世后，首先是报丧。入殓后，将棺材摆放在死者生前的卧室。请来寺庙的佛爷为死者诵经超度前，先将一些壁画挂在卧室的墙上，卧室被布置为灵堂。然后佛爷为死者做法事超度亡灵。

出殡时，佛爷为死者念诵《引路经》：“让我们吟诵引路经送你走，你要把每一句经文记心间……”之后送殡队伍随佛爷前往火葬地。路上，佛爷要为已婚的死者举行一个断绝夫妻关系的仪式：将一根拴有槟榔的白线的一端系在棺木上，另一端交由死者的配偶握住，由一位有声望的长者将白线从中剪断，表示断绝关系，今后死者安息，生者可以再婚。如果是恋爱中的青年一方去世，为免死者灵魂纠缠恋人，在送殡的路上，佛爷会选择经过的一棵树，然后在棺木旁边祷告："这是你心爱的人，你带上他上路吧。"

到达火葬地后，佛爷要念诵经文，绕着棺木和柴堆转，人们合掌，掌中紧握一根蜡条，跟着佛爷转 3 圈。边走边相互告诫，不要回头看，以免死者的灵魂跟着。火葬开始后，佛爷们不停地念诵经文，为亡者超度，祈祷他早日登上天国。火葬结束后，佛爷念诵一部《芒嘎拉》经文，送家神家鬼。然后丧事结束。

火葬地归来，亲人要先到佛寺抱抱柱子，和佛爷说说话。葬后一般不扫墓。节日得到佛寺赕佛、滴水，由佛爷念《滴水经》，把亲人奉上的祭物献给亡灵。

天文历法

天文历法的起源和发展与农业生产息息相关。大约在 16 世纪，天文历法随南传佛教从缅甸传入傣族地区，一般称为小历，它深受贵族、劳动人民的重视。傣族把天文历法称为"呼腊"。小历传入后，佛寺比丘和沙弥深入学习。后来僧侣们到东南亚各国游学，其中一些僧侣就专门学习过天文历法知识与测算方法。他们将这些知识带到西双版纳、德宏等傣族地区，小历开始在佛寺中使用。

历史上，每年度的历法测算制订及颁布权都归佛寺。僧侣们着手建立本民族的天文学理论，开始编制历法，但并不是直接照搬缅甸小历。他们吸收了部分汉历的天干地支理论，只做了一些调整，德宏地区的傣族对十二属相的称谓与汉历完全一致。可见，傣历是吸收缅甸小历和汉历的部分内容而制成的。为传承历法，佛寺挑选资质聪颖的小沙弥悉心培养。这种传承方法为傣族留下了宝贵的天文历法财富，

傣族天文历法典籍

此为云南景谷县的傣文天文历法典籍，为构皮纸经折本

著名的“呼腊八部”就是其中的代表作。《苏顶》《苏利耶》《西坦》较为人熟知，而三部研究预测地震和自然灾害的专著已失传，令人惋惜。

傣医学

傣医学的起源与贝叶文化关系密切，最初的傣医学知识是通过口授或者记录在贝叶上传承的，最早的医学知识可追溯到2500年前。南传佛教传入后，印度医学也传入傣族地区。这门通过传教方式传播的医学很快就被傣族人民所接受。一方面，它的核心是建立在佛教思想基础上的，通过佛教哲学来解释人体与疾病；另一方面，傣民族处于亚热带地区，雨量充沛、气候温暖、四季不明，有着与印度相似的自然生存环境。傣民族在接受印度医学后，结合本民族传统医学经验，发展出具有民族特色的傣医学。

傣医

云南保山腾冲县，人们利用地热煮热竹筒治病

傣医学用五蕴（色、受、想、行、识）和四塔（地、水、火、风）佛教思想来论述医学观点。傣医认为，人是由五蕴所组成的，由四塔负责协调统一身体各个部分。他们进而认为，疾病的产生是负责协调功能的四塔出现失调所导致。病情的变化取决于四塔之间协调平衡情况。傣医在行医实践中，力求平衡四塔，恢复人体内各元素的平衡，达到祛病强身的功效。其中《嘎牙山哈雅》是傣医第一部医学理论专著，它详细地论述了“四塔”“五蕴”的功能及与之有关脏器的生理变化和病理表现。1983 年，国家将傣医药确定为全国四大民族医药之一。

傣族男孩七八岁便要出家，他们在佛寺学习经书，其中也包括多种医学著作。一部分人还俗后，成为康朗，用所学的医学知识治病救人。康朗们发明了各种治疗疾病的方法，如民间非常熟悉的十大传统疗法：暖雅（睡药疗法）、烘雅（熏蒸疗法）、阿雅（洗药疗法）、沙雅（刺药疗法）、喃雅（坐药疗法）、咱雅（擦药疗法）、秧郎拥（踩背疗法）、拨郎多（捶敲疗法）、放血拔罐疗法。民间甚至流传“使用傣医药和传统疗法，不发胖，头发好，人长寿”的说法。

生态观

傣族所生活的区域在北回归线附近，植被丰盛、生态优美，而世界上同一纬度的其他陆地多为沙漠，这种差异令人惊奇。很显然，同一纬度的气温、光照等气象条件是非常一致的，但森林和沙漠的差距是显而易见的，这令人不得不深思除自然气候条件之外的原因。深入了解傣族的生活习性，很容易发现人和自然和谐相处，是保存这种良好生态环境的重要原因。

传统的傣族人信仰万物有灵的观念。这种观念强调大自然先于人类而存在，人类对自然是一种依附关系、依赖关系，他们把自然敬奉为“神”和“父母”，即“森林是父亲，大地是母亲，天地间谷子至高无上”。比如他们常说：“没有森林就没有水源，没有水源就没有农田，没有农田就没有粮食，没有粮食就没有人类。”

南传佛教传入后，傣族地区的人民深受佛教的影响。日常生活中随处可见这种影响的存在。佛经《坦帕召孩》告诫人们，如果不信佛，江水会倒流，原始森林将变成沙漠。傣家人是虔诚的佛教信徒，表达虔诚的最好方式是遵循佛陀的告诫。

佛教宣扬众生平等，万物皆有佛性，认为就算是树木花草也是有灵性的，因此主张人们要善待万物，主张不杀生。

佛经中也有对“善恶”自然环境的描述。贝叶经《维先达腊》以大篇幅描述了这样一个地方，此地鸟语花香、湖水清澈、树木茂盛、硕果累累，微风送来自然气息的清香。另一部《苏帕雪》则描述了大

曼旦寨

云南西双版纳勐腊县的曼旦寨，佛寺在村寨内，四面为山，风景优美

地遭受劫难，大火吞噬了森林，天气干燥得没有一滴雨水，大地开裂，稻谷、药材都枯死，各种动物死光。这一善一恶的描述有着极强的感染力，它告诫人们要信仰佛教，努力修行，珍惜和爱护自然，倘若行恶，将带来大灾难。这种惩恶扬善的观念逐渐投射到自然界，形成了敬畏自然、崇尚人与自然和谐共处的传统生态观。

傣族地区几乎村村有佛寺，这些寺庙大都建在村寨最漂亮的地方，四周有浓荫四盖的大树，有郁郁葱葱的竹林，环境优美。傣族男子到了一定年纪要出家，在佛寺接受教育。他们耳濡目染寺院对环境的爱护，形成了敬畏自然的心态。

今日的傣族地区是中国最大的热带雨林原始森林公园，也是当今地球上少有的动植物基因库，有 6000 多种植物，700 多种野生动物。庞大的生物群落，瑰丽的自然景观，被誉为地球上一大奇观。更是在在国内外享有“植物王国”“动物王国”“药物王国”的美誉。原始的森林、多样的物种、散落于各个村落的佛寺、心态闲适的傣族人等构成了今日当地宗教旅行的丰富资源。

伦理道德

南传佛教传入傣族以前，是由土司制订辖区的规范制度、社会伦理道德准则。南传佛教传入后，这种情况发生了变化。正如傣族学者艾诺认为，这一时期，傣族在保持过去道德观念的基础上逐渐接受佛教伦理的道德观念，傣族的伦理道德也逐渐宗教化了。

南传佛教宣扬人空、生空、我空，人的生死皆苦，应当以“赕”来积善，修行来世，达到自我解脱。这些观念随着佛教的传播而深入人心。人们认为，信佛且守戒的人能得善报，否则会受恶报。佛教徒相信因果报应，认为“恶事，将来一定会焚烧做的人”“善事，要抓紧去做”。因此，忍让、修身、积善行德、敬香赕佛成了云南傣族社会伦理道德观念的基本内涵。傣族的伦理道德刻有深深的佛教伦理道德观念烙印。

佛教传入前，傣族社会就有平等博爱、团结互助这些伦理道德观念，与佛教提倡的平等博爱不谋而合。佛教文化培养了傣民族本分、善良、公平、热爱和平、不善斗殴的美德。

政治与宗教的密切关系是南传佛教对傣族社会的伦理道德体系产生影响的主要原因，统治阶级直接将道德诉诸宗教。而佛寺教育和还俗制度则是佛教伦理通向世俗化的桥梁。接受寺院教育长大的傣族僧侣，深受佛教教义和伦理道德的影响。自由还俗的僧侣们将这种影响带入民间，潜移默化到日常的生活中，佛教的一些戒律变成了自身的准则，进而演变成民间的习俗。

南传佛教与傣族文化艺术

宗教是文化的载体。南传佛教在云南西南长期流传，不仅影响了这些地区群众的日常生活，也大力促进了以傣族为主体的这些地区的文化艺术的发展。

文化离不开文字。傣语有两个主要的方言区，一个是以德宏为中心的傣纳方言区，包括耿马、双江、镇康、沧源、景谷、景东等地的傣族地区；一个是以西双版纳为中心的傣泐方言区，包括孟连、金平等地的傣族地区，它们是傣族文字中比较通用的两种文字，这些地区佛寺的僧侣必须学会使用这两种文字。云南南传佛教用于书写佛典的傣文除这两种外，还有一种傣绷文，不过仅在耿马的孟定和孟连有少数僧侣使用，用傣绷文书写的典籍很少。

傣泐文经书

贝叶经，为西双版纳州傣泐文写本

经考证，在字母形式、拼写、正字法上傣泐文与清迈的兰那傣文、缅甸景栋的傣艮文和老挝经文是一样的，它们实际上是一种文字在不同地区的说法，这并不是巧合。傣泐文前面的41个字母与现代国际转写巴利语的41个拉丁字母的排列顺序完全一致，且在后面增添了15个辅音字母，用于拼写傣文。因此有人作出判断，傣泐文是和西双版纳地区的南传佛经同时传入的，傣泐文是在南传佛教传入初期，为传播佛教文化而设计出来的，它是一种正规的佛经文字。

傣文的经典都为手抄本，无印刷本。以前主要是在贝叶上刻写佛经，现在逐渐使用纸张。

文字的发展有利于教育的开展。在男孩出家一节当中，我们提到了佛寺教育。佛寺教育也称为“奘房教育”。它受地理、历史、宗教、习俗和经济等多方面因素的影响，是在特定的社会背景中所形成的一种教育方式，具有一定的民族宗教特色。在以往长期的发展过程中，寺院包揽了社会教育的全部进程和方向，并形成了一个结构完整、内容丰富、等级森严的佛寺教育体系。所以，传统的傣族民族教育实际为佛寺教育，佛寺承担了学校的角色，它是傣家人获得知识的重要源地。佛寺教育千年来培养了许多知识分子，成为傣族社会的中坚。佛寺的戒律成为傣族人的道德标准，使傣族的社会一片祥和。“佛寺是学校，佛爷是教师；经书是课本，和尚是学生”，这是傣家人的传统观念。

学习中的小和尚

西双版纳勐海县布朗山经旗村，小和尚正在学习

无论是出家后还俗的弟

子，还是终生待在寺院的僧侣，他们在佛寺中学到的都是相关的傣文知识，如天文历法、傣医学、傣文经典等。九年制义务教育实行后，佛寺教育受到一定的冲击，佛寺教育不再是傣族男孩接受教育的唯一方式。而且在佛寺所学到的傣文知识并不能用于应对高等教育考试，故而出现了男孩在适龄时期不入佛寺当和尚的现象。

为增进民族交流，促进民族团结，南传佛教地区开始探索新路。比如 2010 年，景洪开展了“傣语进课堂、汉语进佛寺”的活动。双语教育在一定程度上缓解了佛寺教育与九年义务教育所产生的冲突。

佛寺不仅承担了学校的角色，也是积累保存傣家文化的场所。傣家文化有“贝叶文化”之称，而佛寺是收藏贝叶文化经典的主要地方。佛寺内都设有“藏经阁”，除佛教经典外，还收藏了供傣家人学习的天文历法、傣医、历史、文学、算术、法律、地理等方面的书籍资料，藏书非常丰富。僧侣可在佛寺内系统学习傣家知识，而平时如果人们想读经文、听佛经，也可到佛寺内借读，或是请僧侣诵念。此外，在赕佛环节，我们提到了“赕坦”，也就是献经书。傣家人有抄经书赕佛的习惯，这也是佛寺藏书丰富的主要原因。由此可知，佛寺充当了傣家人图书馆的功能。

在云南，有“佛教是傣族文学的翅膀”这一说法，这是因为佛教一般是借助诗歌和故事等体裁形式进行传布，具有很强的感染力。因此在佛教传入云南后，傣族文学发生了改变，变得有趣，内容丰富，情节跌宕。而且佛经故事很多融进了傣族文学。像德宏地区，《阿暖》源于佛教的《五百五十本生》，《召树屯》源自《树屯本生》，《十二妃的眼珠》源自《拉他仙本生》等。而在傣族地区，最著名、影响最大的是《本生经》中的《维先达腊本生》，它讲述的是印度乐善好施的王子维先达腊的故事。傣家人将这一简短的故事发展成为数十卷的

《维先达腊大经》，在每年的赕坦中都会献上，并通篇诵念。

此外，在赕佛中衍生发展了多种文化艺术形式。如绘画、雕塑、纸扎、剪纸、舞蹈等。在前文中我们也提到了纸扎、孔雀舞、放高升、象脚鼓舞等。这些艺术形式有的是因佛教而衍生，有的是因佛教而得到发展。关于绘画、雕塑等，主要体现在佛寺建筑的表现形式上。我们将在佛寺建筑一节进行详细讲解。

小知识◎云南一大怪——小和尚谈恋爱

云南有十八怪，其中一怪即为“小和尚可以谈恋爱”。在傣族，少男少女很小便开始了谈恋爱，而且接受过佛寺文化的傣家男孩，更易赢得女孩子们的芳心。因此，在傣家村寨的街头，会看到身穿和尚服饰的小男孩带着女孩子这样一道青春靓丽而又奇特的风景。

◎摆

“摆”并不是一个节日，傣族节日虽然名目繁多，但大多都叫作“摆”，如摆十朵、摆斋、摆拉罗等，而参加这些活动就叫作“赶摆”或“做摆”。赶摆时，村寨的群众都聚集到佛寺内诵经、迎请佛像、献花、供果等，并开展各种娱乐活动。

◎堆沙塔

堆沙塔是南传佛教的一种仪式，傣语叫“广姆赛”。布朗族有专门的堆沙节，各地节期不一致，一般为期3天。届时村寨的男女老少到寺院赕佛，在寺院中用沙堆成宝塔，沙塔形状可大可小，形状不定。之后大家围塔而坐，听佛爷念经说法。夜晚，人们围着沙塔跳舞、击鼓，热闹非凡。这3天，全寨村民都在佛寺内合伙吃饭，每天早晚僧侣为沙塔颂经。佛教徒认为沙是最纯洁的，在信众的心目中，沙塔、佛寺和佛像同样神圣，它和佛塔具有同等的意义。

4. 南传佛教和汉传佛教、藏传佛教的区别

释迦牟尼入灭后，佛教迅速发展，信徒也越来越多。信徒对教义主要有两种不同的理解：一部分信徒认为信仰佛教为普度众生，这一派被后来的人们称为大乘佛教；另一部分信徒认为信仰佛教为追求个人涅槃，这一派被后来的人们称为南传佛教。各派中一些虔诚的信徒像释迦牟尼一样将佛教传播到各地。其中南传佛教向南传入中南半岛、斯里兰卡，包括我国云南省西南部地区。大乘佛教向北传入西藏，被称为藏传佛教；传入中国内地，被称为汉传佛教。佛教在传播的过程中，与当地文化融合，形成了具有民族特色的佛教文化。

汉传佛教简介

大约西汉末年至东汉初，佛教由印度经西域传入中国内地，一般称为汉传佛教。根据记载，汉哀帝元寿元年（公元前 2 年），景卢出使大月氏，得到口授《浮屠经》。东汉永平十年（67 年），汉明帝因

梦见金人，于是派人去西域，迎来迦叶摩腾与竺法兰两位高僧，并且带回了许多佛像和佛经。明帝下令修建白马寺供高僧翻译《四十二章经》，这是中国第一部汉译佛经。白马寺是中国第一座佛寺。

西域高僧鸠摩罗什、达摩等到中国传播佛教，唐代玄奘西域取经，加上汉唐几代帝王大力提倡佛教，汉传佛教在中国蓬勃兴起。在发展过程中它融合部分儒家文化，形成了鲜明的汉民族特色。

汉传佛教主要以大乘佛教为主。它认为人人都有佛性，经过修行是可以成佛的，并且学佛的目的不只是为个人，更要普度众生。基本教义主要包括缘起、法印、四谛、八正道、十二因缘、因果业报、三界六道、三十七道品、涅槃。汉传佛教在发展过程中出现三论宗、盘宗、地论宗、摄论宗、天台宗、净土宗、律宗、禅宗、法相唯识宗、华严宗、俱舍宗、成实宗，涌现出达摩祖师、吉藏大师、玄奘法师、惠能大师、善导大师、法藏法师等一大批有影响力的高僧。

藏传佛教简介

大约在松赞干布时期，北传佛教另一支由毗俱底公主自尼泊尔、唐朝文成公主自汉地传入西藏，这一教派被称为藏传佛教，也称藏语系佛教，俗称喇嘛教。它的发展分为两个时期，第一时期为前弘期，取代苯教成为西藏最为盛行的宗教，同时也吸收苯教的部分内容。第二时期为后弘期，在朗达玛灭佛后百余年，藏传佛教复兴，主要有宁玛派、噶当派、萨迦派、噶举派等前期四大派和后期的格鲁派等。其中由宗喀巴创建的格鲁派推崇的藏传密宗逐渐成为主流。此后藏密盛行，13 世纪，开始传入蒙古地区。当代藏传佛教流传至美国等世界各地。

藏传佛教经典是现今保存最好的佛教原始经典，文献极为丰富。

《甘珠尔》佛经

西藏日喀则萨迦寺所收藏的 1725 年《甘珠尔》佛经，该佛经常被作为书写供养对象

经典主要有《甘珠尔》和《丹珠尔》两部分。藏传佛教就特点而言可分为显宗和密宗，并吸收了苯教的某些特点。传承各异且仪轨复杂繁多，是藏传佛教的一个显著特点。显宗分为有部、经部、唯识、中观四宗，其中以学习中观一宗者较多。其中应成派月的《入中论》和龙树的《大智度论》最受推崇。西藏密教一般分为事部、行部、瑜伽部、无上瑜伽部等四部，而无上瑜伽部的教义为主要修行法门。藏传佛教以密宗传承为其主要特色，在发展过程中形成了自成一体的密宗法义。

藏传佛教历经发展，具有深厚的民族文化色彩。跳神就是其中一种艺术形式。这是一种藏传佛教独具一格的舞蹈。跳神时，必须备有具有民族特色的面具和服饰，也要准备法器和唢呐、鼓及长号角等。可以说，跳神就是集中展示藏民族特色工艺品的盛会。藏传佛教通过跳神表现了众神下凡、欢聚一堂的盛大景象，也表达了祈求风调雨顺、五谷丰登的愿望。

藏传佛教在藏地盛行后，修建了许多佛塔。较著名的有桑耶寺塔、松嘎尔石塔、十万佛塔、达赖喇嘛灵塔、班禅灵塔等。而云南地区最大的藏传佛教寺庙为松赞林寺，有“小布达拉宫”之美誉。这些佛塔历史悠久、内容丰富、造价昂贵，展现了藏传佛塔的文化艺术。

南传佛教和汉传佛教、藏传佛教的区别

地位

南传佛教主要追求个人解脱、涅槃，在传入中南半岛（包括我国云南傣族地区）后，以巴利语佛教经典为基础。在获得统治者的支持后，南传佛教迅速成为当地最为盛行的宗教，在当地承担起部分教育的职能。泰国、缅甸立佛教为国教，地位可见一斑。

汉传佛教在中国蓬勃发展，影响深远，并向东传至朝鲜、日本，向南传入越南，但其在中国的发展并未上升到第一宗教的地位。它在内地的发展历经曲折，经历过“三武一宗”事件，也就是北魏太武帝、北周武帝、唐武宗及后周世宗四位皇帝的灭佛，在这一时期，本土道教、儒家思想甚至对佛教的发展出现抵触的现象。但在吸收部分儒家思想的基础上，佛教的传播迅速发展。在相当长的时期内，呈现出儒、释、道三家并立发展的状况。甚至有儒、释、道为一家的说法。

而佛教传入西藏后，逐渐取代苯教成为影响最大的宗教。历史上，在中国皇帝的支持下，藏传佛教的多数派与当地实力集团结合在一起，逐渐形成政教合一的制度。政依教而立，教依政而行。这一制度一直延续到 1959 年的民主改革前。在漫长的时期里，藏传佛教地位是非常重要的，寺庙要进行很多宗教活动，而修习经论仍是一项主要活动。一座寺庙，类似一所佛教大学。寺院除了修习经论之外，还要进行语言、

跳神

西藏林芝地区喇嘛岭寺在进行跳神活动

文字、诗歌、医药、天文、历算教育，寺庙垄断了藏族社会的文化事业。很多寺庙带有行政职能的性质。西藏寺庙有独立的经济，占有庄园，一座寺庙也就是一个经济实体，可以说承担了当地主要的行政、经济、教育职能，影响触及社会各个角落。这是南传佛教和汉传佛教所不及的。

教义及相关制度

南传佛教主要以巴利语佛教经典为主，藏传佛教以梵语经典为主，汉传佛教经典主要是经由梵语翻译过来的。

南传佛教在教义上传承了佛教中上座部佛教的系统，遵照佛陀以及声闻弟子们的言教和行持进行修行生活，求证涅槃，使个人解脱，把证得阿罗汉果作为最高目标。南传佛教坚持佛陀的原本教法，才是纯正完美的解脱之道。而且南传佛教在修持中只供奉佛陀佛像，佛陀为唯一的佛祖。男孩在未成年时一定要进入寺院进行佛教教育，最短3个月，可自由还俗。

汉传佛教主张普度众生、建立佛国净土为最高目标，倘若暂时达不到目标，也要先做菩萨。它倡导以布施、守戒、忍辱、精进、坐禅、智慧这六度为内容的菩萨修行，达到涅槃境界。汉传佛教除供奉释迦牟尼以外，还供奉众多的佛和菩萨。它在佛教教义上吸收了儒家的部分思想，禅宗和净土宗是影响最为深远的，禅宗典籍《六祖坛经》是中国佛教著作中唯一能被尊称为“经”的典籍。男子出家后，不能自由还俗。

藏传佛教比较完整地接受了佛陀的教义，保持了佛教的原貌和佛教的特有精神。其信徒相信，在深入修习藏传佛教的密宗者圆寂时会产生虹化现象。相比前两派，藏传佛教确立了活佛转世制度，这是一

惠能法师真身像

此为广东韶关南华寺六祖惠能法师真身像。《六祖坛经》即为禅宗六祖惠能说，由弟子法海集录而成

种独一无二的宗教领袖的继承方式，不仅在佛教其他教派中，即使是在世界其他宗教中也是绝无仅有的。

习惯与称谓

佛教有着严格的戒律，但在各地发展中，各具一些特点。比如佛教规定出家人不能杀生，但在南传佛教当中，佛教徒可吃三净肉。三净肉具备以下 3 个条件：眼不见杀、耳不闻杀和不为己所杀。在汉传佛教中，明确规定一律不准吃肉。藏传佛教密宗的会供中有酒有肉，这并非经典允许，而是受环境的影响。西藏高原大部分地方不适合蔬菜和大米的种植，加上交通不便，有时受环境所迫，酒肉可以很好地补充营养。但是这不能代表密宗，也不能代表藏传佛教，个人的行为不能代表经典。而且在大乘经典和密乘《续部》中都没讲可以吃肉。

烟草是明朝时期才传入亚洲的，南传佛教和汉传佛教禁止出家人吸食。藏传佛教虽然禁止香烟，却可以吸食鼻烟，并且出家人吸食的十分普遍。

南传佛教在称谓方面较为多样，对于小沙弥，一般称为小师傅或者小和尚。按照在僧界僧职的高低，有大导师或大首领。另外也可按照僧人的职业称呼，在南传佛教国家，僧人可在政府、学校及其他社区部门任职，如从医的法师、老师。也可根据僧人在僧团中的任职称呼，如说法师、诵保护经师、偈陀讲法师、掌财师。如通过佛教界的全国考试，一般按学位称呼。

汉传佛教出家众包括比丘、比丘尼、沙弥、沙弥尼、式叉摩那，普通民众一般称呼为法师，也有笼统称为和尚的。东晋时期，道安法师提倡所有出家人皆以“释”为姓，名字则由授戒师取，如释戒嗔等。

藏传佛教的僧人称谓众多，大体上可分为封号性称谓、学位性称谓、戒律性称谓和寺院组织中称谓。封号性僧职称谓，如大宝法王、大慈法王、大乘法王、大智法王等；学位性称谓，如拉然巴格西、措然巴格西、林赛格西、阿然巴格西、曼然巴格西等；戒律性称谓，如格聂、格聂玛、格策、格策玛、格隆、格隆玛和格罗玛；寺院组织中称谓，如赤巴、措钦夏奥、措钦翁则、措钦吉瓦、堪布、格贵、翁则、郭聂等。

总体说来，南传佛教、汉传佛教、藏传佛教历经多代发展后，仍秉持佛陀的核心思想。但不可避免地与本地不同思想融合，又因经济、政治、文化多重因素的影响，在发展传播中，自成风格，各具特色。

四 云南南传佛教建筑

宗教是人类社会发展中一种神秘的精神文化，而塔寺建筑则是这种文化的外在体现。傣族南传佛教的佛寺与佛塔是其建筑工艺技术的精华，它是勤劳智慧的傣家人将中外文化融为一体所创造出来的艺术珍品。我们将从塔寺发展、布局、形制、特色等方面对我国南传佛教建筑进行详细叙述。

1. 寺塔艺术

塔源、选地和布局

佛塔源自于巴利语 (thūpa)，而巴利语中的 thūpa 又来自于印欧语系 tumba，它的来源和英语的 tomb（坟墓）及法语的 tombe 一样。因此可知，佛塔的建筑形式是从古代陵墓获得启示的，佛塔本身就是古印度佛教徒为了分散保存释迦牟尼的“舍利”而在各地兴建的一种半圆坟墓。古代的“塔”，主要就是陵墓以及祭祀圣地。为避免遭到践踏破坏，陵墓一般为塔式高冢。而祭祀是向天上的神灵祭拜，祭祀台越高，越显出信仰的虔诚、统治者的威严。佛教的塔寺建构也遵循这一思维。

在南传佛教的各流传国，佛塔的称谓不一。如：斯里兰卡称佛塔为“大瓜巴”，缅甸称“社帝”，泰国民间称为“车帝”，还有一些国家称为“浮屠”。我国西双版纳傣族地区称之为“塔”。

1895年康普帝的佛塔

1895年，法国探险人员对云南康普帝的佛塔的速写

在用途上，佛塔有4种区分：第一种为舍利塔，主体为实心，据传，庄莫塔内埋有释迦牟尼灵骨，因而成为景洪地区历史上有名的“九塔十二城”古迹之一，被誉为“众塔之首”；第二种为纪念性佛塔，建在佛陀诞生处、悟道处、讲经处、涅槃处等具有纪念意义的地方；第三种为藏经塔，用来收藏三藏圣典；还有一种是奉献的佛塔，用来奉献给佛祖。

塔址选择非常复杂，要考虑各地区、各民族的文化习俗、佛教理念、审美，以及财力等诸多因素。云南地区佛塔地址基本属于以下情况：第一，传说中佛祖走过的地方，如景洪的庄董塔、邦友塔；第二，佛祖留下圣迹之处，如曼飞龙笋塔、雷光佛迹寺、勐海的岗纳木塔等；第三，山清水秀、风景幽美或山势高阔处。无论是在城市还是乡村，塔寺都是建在风景秀丽、山明水秀之地。在城镇里，塔寺一般建在市中风景最佳之地；在乡村，一般建在村中的高坡上；村寨外则建于高山密林当中。

塔寺形制

塔基本为圆锥形，此外还有方形、多面角形、笋节形、覆钵形和钟形等，无论形状如何，上端都是以圆塔和圆伞收顶。佛塔上圆下方这一理念是受到佛教早期“天圆地方”的宇宙观影响。圆线无起无止，有永恒之意，也代表了轮回，所以，圆是佛教建筑中一个重要主题。

在早期的南传佛教地区，没有流行纯粹的上座部佛教，不同的小乘佛教部派、大乘佛教、密宗等，甚至婆罗门教、土著宗教都存在过。

昙麦克塔

印度北方邦瓦拉纳西萨乐纳特鹿野苑的昙麦克塔，为阿育王时代所建，系圆筒形二层佛塔

加上各地不同的世界观和思维个性，人们对佛塔产生了不同的感受与体会，通过各地区之间的交流，人们潜移默化或有意识地接受、排斥、选择、改造和融合，因此，南传佛教的佛塔呈现出了丰富的形态。但大致可分成三种类型：窣堵波型的佛塔、悉卡罗型佛塔和群塔型佛塔。

佛陀在世时，曾对塔的形式有过规定。据《大唐西域记》记载可推出，窣堵波型塔的塔基为方形，上为半球状覆钵，再上则为伞杆和伞。现存最早的窣堵波建筑是于约公元前 3 世纪至前 1 世纪完成的印度桑奇、马尼亚拉、阿玛尔瓦提等三塔，其中桑奇佛塔是阿育王为供奉伟大佛陀舍利所建造的第一座塔。

后来佛塔逐渐发生演变，窣堵波上下两部分所占的比重逐渐增加，球体部分缩小。阿育王时期，佛塔传入斯里兰卡，也产生了变化。伞杆及伞被圆锥实体的相轮所代替，在体积构成中占重要部分。相轮具有重要的象征意义，是佛塔中最重要的部分，它也是佛塔与普通土堆的重要区别。

在缅甸，巴巴吉塔、巴亚吉塔这几个建于 7 世纪前后的佛塔，在缅甸佛塔中具有承前启后的地位，它们既尚存窣堵波的风格，也开始有缅甸佛塔特色的发端：覆钵或是圆柱体，或是圆锥体，占整体的比例较大。宝匣非常小，上为数层伞盖，有的甚至没有宝匣。之后，缅甸的窣堵波型塔基本是以这个为基础发生变化。我国云南德宏地区的上座部佛教基本上是由缅甸传入，建筑上受其影响。

之后，窣堵波型佛塔由球体形状逐渐变成具有向上拔起趋势的连贯形制。

“悉卡罗”指方形塔楼，柬埔寨人将四棱锥的线条进行了柔化，将层间的处理清晰化。泰人吸收了这一艺术形式，形成了泰国佛塔的另一种形式——“普朗”(Prang)，将平面变成了圆形。曼谷王朝时，

缅甸仰光大金塔

缅甸仰光大金塔（英语：Shwedagon Pagoda；官方称为：Shwedagon Zedi Daw）又称“雪德宫大金塔”，是一座窣堵波造型的佛塔，高98米。因寺内供奉了四位佛陀的遗物：拘留孙佛（Kakusandha）的杖，正等觉金寂佛（Konagamana）的净水器，迦叶佛（Kassapa）的袍及佛祖释迦牟尼的八根头发，被奉为缅甸最神圣的佛塔

四棱锥完全变成了圆柱体。悉卡罗型佛塔还发展出了另一种形式：层台式，如泰国堕罗钵底时期的库库特寺。

无论个体为何种形式，大多最后会形成群体组合方式。东南亚的佛塔布局大多是诸多小塔簇拥着中心主塔，在主塔周围形成塔群。有的是塔随寺建，有的是寺随塔建。如珍藏佛牙、佛宝和舍利的寺庙，它们就集塔寺为一体。我国云南傣族地区的佛塔也有这样的布局，如云南盈江县的允燕塔（又称曼勐町塔），就是由一座主塔和40座小塔所组成。

傣式佛塔形制

以上为佛塔发展的基本历程。而在我国云南，傣族佛塔又具有其民族特色。傣族佛塔在佛教传入到盛行的过程中兴建起来。据傣文史籍《地方大事》记载，1013年，修复勐海总佛寺时，曾增修了两座佛塔，这是南传佛教在云南傣族老城区修建傣式佛塔的最早记载。佛塔盛行于宋代，繁荣于明、清时期。

我国傣族地区的佛塔由塔基、塔座、塔身和塔刹四部分构成，有各种类型，如泰式金刚宝座形、缅式钟形、“串”字形、高基座形、亭阁式、八角形密檐式、“塔包树”式和“树包塔”式等等。

大乘佛教的金刚宝座塔上的佛塔一般有五座，主塔居中，群塔绕主塔而立，取“金刚界五部五佛”之意，但泰式金刚宝座塔的组合不受塔数的限制，这是大乘佛教和南传佛教金刚宝座式塔的主要区分点。曼飞龙白塔和允燕塔为此类。

缅式钟形佛塔一般是在一个方形的塔基上建一个圆形多环状的塔座，这是从古印度窣堵波佛塔演变而来的，为东南亚佛塔中最常见的一种塔型。云南瑞丽的姐勒塔属于此类。

景谷的勐卧佛寺双塔俗称树包塔塔包树。塔包树位于佛殿的右侧，佛塔环抱大榕树；树包塔位于左侧，塔顶中部长出一棵犹如一个伞盖的树。塔包树树包塔是一大奇观，在芒市地区也有一处塔包树树包塔的奇观，不过它并不是勐卧佛寺这样的双塔，而是一座塔上树塔相缠。该塔建于1778年，是为纪念一场胜利的战争而建，该塔傣语名叫“广姆姐列”，即铁城塔，但其实为砖石结构。塔体呈八角形，高约10米，神龛内还供有佛像，而树现在已高达30余米。此塔原为塔包树，经过200多年，如今形成树塔相缠的一道奇观。

“串”字形佛塔又称多层须弥座佛塔，塔体一般高大雄伟，例如临沧西文笔塔，其主塔由9个圆环体叠成。再如勐龙黑塔，它是西双版纳地区现存最古老、高大的佛塔之一，为八边形须弥座式塔。“串”字形佛塔是西双版纳最为流行的塔型之一。

高基座佛塔的基本特征是基座或塔身采用多边“亚”字形折角砌法，如景洪市勐罕镇的“塔布呼”，塔座呈束腰须弥座折角亚字形，全塔共有大小折角588个。

亭阁式佛塔有一多边形高台基座，上面建有单层或多层的亭阁，

风平塔

风平塔的塔座为呈折角“亚”字形的高基座，四周环列28座小塔

为仿木结构，塔身为四边形。这类塔不多，西双版纳地区只有两三例，如“塔栽勐”“塔张朗”“塔宰龙”。

八角形密檐式佛塔的塔身由几层须弥座体相叠，下部有塔门式的佛龛，四周和边角有卷云状的花纹，景洪的庄埦塔为该塔型的典型。

折角多边式佛塔是由数层折角多边的盒状体堆砌而成的，有多种变化式样，勐腊地区的曼崩铜塔为典型代表。该塔塔身为三层多边折角形体相叠，采取了束腰的建筑手法，折角线条从上到下贯通全塔。该塔顶为八角形，塔刹为圆形宝瓶式，既体现了天圆地方的宇宙观，也体现出云南南传佛教寺塔建筑后期鲜明的民族特色。

塔寺内外装饰、雕塑与绘画

南传佛教地区的塔寺艺术是印度佛教文化和当地民族文化集聚的结晶，在内外装饰、雕塑、绘画方面有丰富的表现。

首先，南传佛教的塔的涂饰一般为白色、银色、金色或黄色，以金色和白色居多，因为金色象征着高贵，白色象征着纯洁。塔顶上的伞下挂着风铃。塔寺大门两旁一般立有神狮、龙或其他神兽，有些塔寺则由威友柏卡神将守护，它是南传佛教塔寺的守护神。有的庙宇侧门还有魔王守护，甚至还托扶着高塔，这是南传佛教的一个特点。在南传佛教文化中，邪恶的代表人物——魔王与正神共存。

塔寺的周围有很多护法神像，还有佛陀的弟子像。在山区的塔寺周围会供奉着山神、云游僧等像，靠近水域的塔寺内则供奉着水神、海神等。受印度教塔寺的影响，南传佛教的塔寺屋檐、屋顶上也会立有各路神仙的塑像，大多为男性，这是妇女地位下降的一个表现。塔寺周围还会有一些半人半动物的神父，如缅甸的“紧那罗”神、“鸟王”

迦楼、泰国的人身鸟足神。

此外还有许多动物造型，如鳄鱼、鸳鸯、孔雀、兔子、鸡、鹦鹉、大象、乌鸦、妙声鸟等。可能与当地的文化有关，像鸡、鹦鹉、乌鸦等比较少见，缅甸的勃固佛塔里有；大象则随处可见。在佛教故事中讲到的一些动物形象，如牛、马、猴、鹿等，在塔寺内的壁画或雕刻上会见到。

塔寺周围还有一些体鸣乐器，如钟、铓、云板和鼓等。世界最大的钟在缅甸的明贡。要注意的是，南传佛教是严禁在寺庙内唱歌的，室外摆放的这些体鸣乐器，他们并不认为是乐器，而认为其只是为人们祈祷自己愿望而设置的敲击物。

钟楼

该钟楼位于南传佛教的勐泐大佛寺中

塔寺内佛像造型丰富，主要有站佛、卧佛和坐佛等，还有各种手势，不同手势表示不同的意思。如双手下垂，微向前移，掌心向外，这表示“打开世界”。缅甸勃固的瑞达良卧佛为世界最著名的室内大卧佛，长 55 米，比曼谷卧佛寺的佛像还长 9 米。卧佛由整块石雕成，大佛面容祥和、双眼半睁，让人心平气和。总的说来，佛像的造型表现了大慈大悲、救苦救难等理念。

庙宇内会有许多壁画、浮雕和塑像，一般是展示佛教经书中天上、人间和地狱三界的情境以及佛陀的生平事迹，这些壁画色彩亮丽、构图优美、内容丰富。

我国傣族佛寺壁画大部分为贝叶经故事和佛本身的故事，包括佛

壁画

两个小和尚在欣赏傣族佛寺的壁画

像画和佛故事画。佛故事画是依据佛陀入胎、出生、成长、出家、修行苦志、降魔、悟道、成佛和涅槃的顺序所绘制的。主要作品有《嘎鹏》《维先达腊》等。

除了佛教文化外，傣族佛寺壁画还有其他题材，如傣族民间流传的叙事长诗和故事，如《召西塔》；傣家人的劳作、狩猎、沐浴、出征、歌舞等生活内容，如《出行图》《双宴图》；还有与傣家人生活密切相关的植物和吉祥物，如大象、孔雀、凤凰、龙、金鹿与傣族的五树六花，等等。

纵观佛教的建筑，塔寺内外的文化艺术，让人不由得惊叹于古人们的精湛技艺和超凡想象力。

2. 云南南传佛教寺塔

在云南西双版纳，各少数民族多信奉佛教，尤其是傣族几乎全民信奉南传佛教，南传佛寺遍布了傣家村寨，近 600 个村寨就有 500 多座佛寺，200 多座佛塔，几乎村村有佛寺。傣族佛寺吸收了东南亚风格，也结合自身特点而推陈出新。

勐泐大佛寺

——最大的南传佛教寺院

“勐泐”，傣语意为“傣王国”，为西双版纳古称。勐泐大佛寺位于景洪市区东南约 5 公里处，依南莲山而建，落差达 122.8 米，为国内外所独有。它是整个东南亚最大的南传佛寺，一流的南传文化中心，也是当地傣族人与世界南传佛教信徒心目中的圣地。规模宏大的佛寺建筑群与西双版纳特有的自然风景错落有致、和谐相融，呈现出一派庄严静谧、气势恢宏的南传佛寺景象。佛寺主体建筑以黄色为主

勐泐大佛寺的全景图

勐泐大佛寺为东南亚最大的南传佛寺，气势恢宏

调，红色作点缀。远观，佛寺高贵典雅、气派非凡，在阳光下金光熠熠、蔚为壮观。

传说在明朝时期，傣王拨龙的王妃南纱维扁深得傣王的宠爱。她一生信奉佛法，后却因病离世。痛失爱妃的傣王为纪念她，兴建了景飘佛寺，并每逢节日亲临佛寺，举行大型法会纪念活动。景飘佛寺是傣族王室的皇家宫殿，也是南传佛教象征十二版纳的标志性建筑之一，当时是傣族佛教活动最为重要的场所。遗憾的是该建筑于 1848 年因战争被毁，人们无法再目睹它的风采。

现今勐泐大佛寺是在景飘佛寺的原址上恢复重建的，兴建于 2005 年，它在复原旧佛寺风貌的基础上，吸收了东南亚佛寺建筑风格，并融入西双版纳民族风格，集中展示了南传佛教的历史与传统文化的色彩。2007 年，佛寺举行了开光大典，来自中国和东南亚的 108 位高僧大德共同为佛寺进行了开光。

进入寺门，即为太子广场，它展示了佛祖出生时的种种祥瑞。佛祖释迦牟尼幼时当太子时的童像竖立在广场正面，九龙围成一个圆形喷泉。太子脚下踏着莲花，一手指天，一手指地。浴佛的背面，栽种着傣族奉为吉祥物的“五树六花”。传说释迦牟尼出生后即起身行走，一手指天，一手指地，口道“天上天下，唯我独尊”，满脸庄严。当时，天现九龙，喷出九道清泉为其沐浴，形成“九龙浴佛”之景。

从太子广场拾阶而上，是弘法广场。广场两侧分列许多佛像。据傣文贝叶经书记载，当时有二十八代佛出世，化身为不同音容相貌。这里是布道、弘法的场所。两条七首巨龙立在广场石阶两边，栩栩如生。巨龙的头与身体随石阶层层递进而逐层变小，石阶一直延升至景飘大殿前，到此变为独首金龙。龙头 7–5–3–1 的排列顺序，分别代表不同的寓意。7 个龙头代表生、老、病、死、爱别离、怨憎会、求不得这七重苦难，5 个龙头代表菩萨的圣行、梵行、天行、婴儿行、病行五种行法，3 个龙头代表佛宝、法宝、僧宝，1 个龙头代表功德圆满。佛寺之内处处传达佛陀的深意。

最后一个龙头后即是景飘大殿。大殿据释迦牟尼出家、修行、成佛的日子而建，是整个佛寺最为核心的建筑。大殿修建于原景飘寺的遗址之上，长 49 米、宽 29 米、高 35 米。长度表示佛陀在菩提树下修行的天数，宽度表示佛陀出家岁数，高度表示佛陀得道岁数。大殿呈方形，南北面各有三扇门，门上是“人”字形飞檐，屋顶坡面由三层相叠而成，中间较高，东西两侧递减，交错起落，脊上瓦饰呈火焰状，脊首端竖有凤形瓦饰，正脊上建一座五层的尖顶佛塔。殿内供奉着释迦牟尼佛像，庄严肃穆。大殿有着傣族风格的尖顶，殿内的佛祖像带有傣族特色的容貌神情、衣帽着装，信徒进香拜佛要脱鞋从大殿侧面的门进出。

殿后有一巨石，相传当年佛祖释迦牟尼在上面歇息过，因而被誉

景飘大殿

勐泐大佛寺的景飘大殿，它是佛寺的核心建筑

为“圣石”。殿后广场的东西两侧分别配有星期殿和长寿殿。星期殿展示了佛陀的逐日法相，长寿殿供奉有十八位罗汉的金身。南边为大地女神的壁画，后面的登山石阶两侧分列八十位托钵罗汉。

拾阶而上，具有泰国、缅甸、斯里兰卡等东南亚国家的民族宗教特色的寺院、佛像、佛塔映入眼帘，建筑内的壁画图像具有深厚的东南亚风情，集中展现了南传佛教各民族特色的灿烂文化。

伫立在山顶最高处的吉祥佛，是世界上南传佛寺中最大的大佛。大佛采用黄铜锻造，真身高 45 米，底座边长 35 米、高 9 米。整体高达 60 米，高大巍峨的佛像立于山顶，从上而下俯瞰芸芸众生，显得庄严而又慈祥。与其他佛像一样，吉祥佛具有鲜明的傣族风格。

勐泐大佛寺佛学院——岩罕院，掩映于山侧芭蕉树中。目前大约有 200 名僧侣在佛学院学习。岩罕院教授他们学习傣文，待基础深厚后再学习傣文经典贝叶经。岩罕院也向全东南亚招收学生，尤其是与傣民族同源同根的老挝、缅甸、泰国等国的僧侣。他们在岩罕院学习，获得了自我的认同感和内心的平静。

佛寺右侧的浴佛泼水广场正是傣族人过节日的场所。每逢泼水节、关门节、开门节等重要节日，傣族人来到佛寺里赕佛，并在此欢度节日。勐泐大佛寺是云南省最主要的南传佛教文化旅游区和展示区，也是研究南传佛教、民族文化的场所和世界南传佛教的文化交流中心。

曼飞龙笋塔

——塔糯庄龙

曼飞龙笋塔，又称白塔、飞龙白塔、佛塔。“塔糯庄龙”为傣语，意为大头笋塔。该塔坐落在曼飞龙村的一座山丘上，故而得名。它是西双版纳最大的佛塔，是中国古塔中的一大奇观。其造型深受缅甸佛塔风格影响，非常优美，同时极富有浓厚的傣族建筑艺术特色。在这片亚热带自然风貌的土地上，苍茫葱郁的原始森林衬得曼飞龙笋塔更为雄伟壮观。

新中国建立后，西双版纳政府多次拨款对曼飞龙笋塔进行修葺，使塔体完好如初，并增建了富有民族特色的经房、佛堂及白象、巨龙等吉祥神物。曼飞龙笋塔逐渐形成今日塔园。1988 年曼飞龙笋塔被国务院公布为全国重点文物保护单位。

塔园位于西双版纳景洪市府东南约 60 公里处。据贝叶经记载，曼飞龙笋塔建于 1203 年，由 3 个印度籍佛教徒设计、大勐龙头人古巴南批等人主持建造。它是一座由主塔和八座小塔组合而成的金刚宝座式的群塔建筑。远观宛如一丛春笋破土而出，故傣语称之为“塔糯”（笋塔）。塔身是白色的，象征着佛教纯洁的信仰。

曼飞龙笋塔为砖石结构，它是由 9 座大小不一的白塔组成的塔群。塔群建立在一个八角须弥座塔基上，该塔基周长 42.6 米，呈多瓣形、梅花状。主塔高 16.29 米，其中基座直径 3.9 米。塔身为多层圆形盒状体叠压而成，层与层之间镶嵌有环形仰莲浮雕。塔顶渐细成锥，直挺挺尖耸苍穹。8 座高 9.1 米的小塔分布在主塔的八个方位，构成一个优美的圆圈。对应各塔呈放射状地有八个小佛龛，各龛上面砌出船首形为过渡，象征着慈航普度。曼飞龙笋塔旁有两条泥塑的龙，头上有冠，形象生动。

主塔塔身以白色为基色，镶有彩色瓷砖，四周用傣文刻有佛祖的教诲，诸如不杀生、不偷盗、不淫、不妄语等。塔基座涂彩，依次为黄、白、红、绿四色，增添了佛塔多层次的立体感。塔中部有 4 个佛龛，各供一尊佛像。小塔塔座各有一个佛龛，佛龛里供奉佛雕和佛像各一

曼飞龙塔结构

曼飞龙塔为金刚宝座式佛塔，为砖砌塔群，由一座大塔和周围八座小塔组成。基座为圆形，上面砌成八角形

尊。佛龛上刻有泥塑的凤凰、龙、孔雀等吉祥神物，各具形态。佛龛的人字形檐边有祥云、花草等纹饰，纹理清晰，做工精湛，秀丽优美。塔顶挂有一具铜佛标，系有若干风铃。塔顶似一根铜质的“天笛”，微风拂来，叮当作响，给人悠远肃穆之感，富有浓厚的傣族建筑艺术特色。

每当傣族传统节日来临时，傣家人会聚在曼飞龙笋塔下举行庆祝活动。每年泼水节，曼飞龙寨子的傣族人在塔前举行盛大的欢庆仪式，男女老少都围着塔跳起当地的民族舞蹈“依拉贺”，他们追逐泼水，欢度傣历新年。而到了每年的 9 月中上旬，曼飞龙人会搬着祭品上山祭塔，连祭三天。他们身穿传统服饰，在曼飞龙笋塔的广场上，烧香敲鼓，虔诚礼佛。之后，他们吃糯米粑粑，听轻快的音乐，载歌载舞，开始欢庆。

曼飞龙笋塔不但在国内信仰南传佛教的各族人民中有深远的影响，而且在缅甸、老挝、泰国的南传佛教的信徒中也广为人知，它是东南亚南传佛教信徒心中的圣地。世界各地的南传佛教信徒们会到留下释迦牟尼足迹的曼飞龙笋塔顶礼膜拜、敬仰佛陀。

曼春满佛寺

——“领主的花园”

景洪地区的傣族园位于被称为“绿孔雀尾巴”的橄榄坝，当地人称橄榄坝为勐罕。五个村寨，即曼将、曼春满、曼听、曼乍和曼嘎，如五颗珍珠洒落其间。在傣文中，“曼春满”意为“领主的花园”，传说景洪宣慰使曾派人到此地栽花，它可称得上是橄榄坝中最美的地方。

曼春满佛寺始建于 583 年，至今已有 1400 多年的悠久历史，沧桑凝重。据说为佛陀的布朗族弟子底卡班约所建。他经缅甸到达西双版纳的景洪，在橄榄坝传教时建造了曼春满佛寺。不过，在 20 世纪 60 年代，佛寺被毁，如今的佛寺是 20 世纪七八十年代重建的。

曼春满佛寺高大宏伟，金碧辉煌，在东南亚地区享有盛名，属于西双版纳地区“勐”级的佛寺。凡是重大的佛教活动日，不仅当地的僧侣和信徒会前往朝拜，斯里兰卡、泰国、缅甸和老挝等国的佛教徒也会云集此地，进行朝拜和诵经活动，而且，它还是泰王室家庭必朝拜捐赠的中国佛寺，可见其影响力之大。

佛寺占地面积为 2580 平方米，其主体建筑有大殿、戒堂、佛塔、藏经室、鼓楼和僧舍等。大殿屹立于佛寺中央，为长方形，占地 490 平方米。殿宇两旁有 44 根圆形水泥柱，全部是以红色为基色，上面用金粉绘成图案作装饰。佛寺大殿的正前方，供奉着一尊佛陀金身塑像，高 4 米多，佛像前并排供有 5 尊小佛。四周则悬挂着无数的长幡，有的是生者献给死者的登天梯，有的则是各种佛教典故的经幡。此外，殿内还设有坐坛，供僧侣坐下诵经之用。而在佛寺的屋脊顶端，则有

曼春满佛寺

曼春满佛寺位于云南西双版纳橄榄坝傣族园内，环境幽美

卧立的吉祥鸟。

在佛寺的西北侧有一座金身佛塔，此为曼春满金塔，这是佛寺的标志。该塔由 1 座主塔和 4 座子塔组成，共立于一个正方形的基座上，五座塔上都涂有金粉，金光闪烁。塔尖系有铜铃，风来时叮当作响，十分悦耳。

在佛像左边有一个画廊，上有曼春满佛寺著名的 20 幅壁画，讲述的是“召爹米转世”以及“释迦牟尼的故事”，具有很高的艺术价值。故事中还提到了佛陀到曼春满讲经，无须考证其真假，而从这可看出，在人们心中，曼春满是一块吉祥的福地。

藏经室在佛寺大殿的东北角，僧舍位于大殿的东南角，在院落中，有一尊由三只白象簇拥着的四面佛，供信徒和游客膜拜。

景真八角亭
——“波苏景真”

按照傣族地区的佛教传说，八角亭是依照佛陀所戴的金丝台帽“卡钟罕”所建。佛灭后，其弟子仿照“卡钟罕”的形状分别在斯里兰卡、印度、缅甸和泰国各建了一个八角亭。“卡钟罕”的形状随着佛教传入后，人们另建造了一些八角亭，作为戒堂。后来，无论亭子有没有八个角，这种戒堂都统称为“八角亭”，而且，中心寺以上级别的佛寺都要配备八角亭，它的重要性仅次于佛殿。

景真八角亭全貌

景真八角亭是西双版纳地区的第一个八角亭

景真八角亭是西双版纳地区的第一个八角亭，位于勐海县景真寨，因而得名，旁边是昔日的勐景真王宫。八角亭始建于1701年，为景真地区中心佛寺“瓦拉扎滩”的一个组成部分，不过佛寺建筑现已不存。古时八角亭主要用作议事亭，同时还是和尚晋升为佛爷的场所。自始建至今，经过多次大规模的维修，“文革”期间，寺院被毁，亭残，1981年再次

景真中心佛寺金塔

景真中心佛寺金塔位于景真八角亭北边，离八角亭约 1 公里路程

重修。严格说来，景真八角亭不是佛寺，它只是一座佛教建筑物，但它与曼飞龙笋塔、临沧沧源县的广允缅寺统称为云南省南传佛教的三大古建筑，为国家级重点文物保护单位。景洪的曼听公园内有其仿建物。

傣族人将景真八角亭称为“波苏景真”，“波苏”是指莲花的顶冠，因为相传这座八角亭是依照佛陀所戴的金丝台帽“卡钟罕”所建，用于纪念佛陀。该八角亭为砖木结构，呈八角形，高约 15 米，由须弥座、亭身、亭顶、刹杆等组成。亭座为折角亚字形砖砌须弥座，十分奇特。长和宽都为 8.25 米，高约 2.5 米。

亭身宽 6 米、高 2.5 米，侧有 31 个面、32 个角，墙面上有象、狮子、老虎、牛、马等动物的浮雕，有如画廊。除了浮雕，还有用金银粉印出的各种花卉、动物和人物的图案，而且，亭外壁上还镶嵌着镜子和彩色玻璃，这些元素使八角亭显得非常瑰丽夺目。亭身四方开门，代表佛教传播四方，门前各立有一头狮子和一条龙，形态栩栩如生。

亭顶为木结构，呈八角状，代表佛陀身边的八个高僧。每个角都是由人字形的屋宇组成，共有十层，向上渐次收小，收于一金属圆盘下。每层的屋脊上都有人物、金鸡、凤凰等，十分精致。刹杆相轮上装有花卉图案的银片。

景真八角亭为典型的西双版纳佛教建筑，是傣族佛教建筑艺术的精品，其造型美观独特，为傣汉两族人民智慧的结晶。在景真佛寺与景真八角亭之间，还有一棵古老的大菩提树，得要好几个人才能合抱得起来。景真八角亭、景真佛寺和菩提树形成了一道秀丽的风景，吸引了众多游客前往观光。

勐焕大金塔

——中国南传佛教第一塔

“勐焕”为云南省德宏州“芒市”的傣语名，此名大有来头。芒市城区环境幽雅的孔雀湖畔有一座雷牙让山，此山海拔为 1079.6 米，传说释迦牟尼生前转世为金鸡阿鸾时，曾在此山上生活，如今在金塔的入口不远处，可看到一个金鸡塑像，头对着芒市城区，为此地报晓。因此“芒市”又叫“勐焕”，意为黎明之城。

佛涅槃数百年后，佛家弟子召罕达（阿罗汉）为传播佛祖教义，亲临此山修炼，当他看到满山野草、荆棘丛生时，便向天神祈祷：“我要在此山修炼，野草、荆棘让开吧！”为让他有一个好的修炼环境，

7天后，山上的野草和荆棘全部自动让开，这就是雷牙让山名字的由来，即野草让开的地方。后来佛教徒们在此山顶上建立了佛塔，此地自此成为德宏地区著名的佛教圣地之一。

勐焕大金塔

勐焕大金塔为南传佛教第一塔，金碧辉煌，气势非常宏伟

1942年抗日战争期间，原佛塔被毁，1966年，市区的勐焕大金塔遭到了毁坏，后来两塔合为一体重建，定名为勐焕大金塔，于2004年6月30日动工。大金塔属南亚傣王宫建筑风格，气势恢宏，如同一座金碧辉煌的城堡。如今从芒市城内任何一个角度都可以看到金塔，堪称中国南传上座部佛教第一塔，它是芒市地标性建筑，也是亚洲第一空心佛塔。

勐焕大金塔总体结构为钟形八角四门空心佛塔，由八大天王分别守卫。游客要注意不要从西门出入，按当地说法，从西门出去，表示阳寿的终结。塔高73米，塔内大殿中央的顶天柱周边塑有四尊汉白玉大佛像，东面为释迦牟尼佛像，西面为药师佛像，南面为观音菩萨像，北面为弥勒佛像，这种现象在南传佛教地区是仅有的。佛塔基座上的中心柱由佛教专用物大钟和13个钵垒砌而成，最高点为一个大金顶，重达2.3吨。

大金塔的影响力不止是在德宏地区，每逢重大庆典活动，缅甸、老挝、斯里兰卡、越南等国的信徒也会聚集此地，进行朝拜，热闹非凡。傍晚到大金塔散步，也成了芒市市民的一种习惯，在这儿可以忘记世间的喧嚣，体会内心的纯净。

姐勒塔

——瑞丽城首之塔

姐勒塔，坐落于德宏瑞丽城东8公里处。傣族人称之为“广姆贺卯”，意为“在坝子马头的塔”，又叫它“金狮塔”。它是当地最古老的佛塔，也是东南亚的著名佛塔之一。该塔建造年代古远难考，经历代多次重修，终成今日蔚为壮观之景象。

据传姐勒塔建造于勐卯国国王召武定执政时期。关于建塔的传说有二。一说在速塔共玛腊王子统治时期，在某一个月明星稀之夜，有光芒从金塔地基处发出，瑰丽至极。王子派人掘出一看，为佛祖舍利，十分惊奇，于是兴建此塔。还有一说，来自于东南亚传播佛法的高僧到达此地时，正值当地部落互相征伐，民不聊生。他请部落首领在姐勒的山丘上进行议和，言理借喻之于竹：“一样高的两节竹筒虽有大小、颜色、品种之别，但影子却一般高。”首领思索后明白高僧深意，于是握手言和，化干戈为玉帛。为纪念高僧，部落族人建立该佛塔为念。自此，姐勒金塔日益兴盛。

14世纪，思南王扩大寺院，重修大金塔。后经历代土司进行大小不一的装饰整修，至民国时，高10余米用土坯建造的主塔高耸云霄，塔顶冠贴以金箔，塔身涂以金粉。周围以7座小塔围之，都涂有金粉。塔四周置有石雕狮像。远望，蓝天、白云、金塔、石雕、古树，一派巍峨静穆景象，见者无不为之惊叹。金塔的壮观反映出傣族工匠数百

姐勒塔赶摆活动

傣族人民在姐勒大金塔举行“赶摆”

年来独具民族特色的建筑构思和艺术成就。

1969年，千年古塔毁于一旦。今日之塔重建于1981年，在原来的基础上恢复了原貌，而且规模更为宏伟。大金塔由环聚在一个圆形台座之上的、大小不同的17个尖顶覆钵式塔组成。塔基用青色砖石建成，塔身为钢混结构，这种材质使得姐勒塔更为结实。主塔高39.5米，塔身为正八棱形，呈圆锥体，塔顶有电化铝制成的宝伞、风标，系着上百只风铃。塔顶和各塔覆钵都敷以金粉。阳光下的金塔，金光闪耀，半掩在青树之中。微风徐来，风铃声清脆悦耳。

当时傣族人相信佛祖在世时曾轮回550次，当他轮回为麻雀、野鸭、牛、熊时生活在姐勒，这种契合让人们相信佛光显灵。修建在此地的姐勒塔，正是为表达对佛陀的敬仰之意，他们恭迎佛法，供奉佛陀的遗物，比如佛牙、佛发、佛像、佛经等。姐勒塔是人们礼佛尊神的神圣场所，上至王公贵戚，下至平民百姓，历代勐卯土司都在金塔进行一年一度的佛事，这种习俗代代相传。佛教徒更把此塔看成是佛教圣地，泼水节时举行的3天隆重佛会是信徒们的盛会，他们每年自发地从境内外前往该地讲经颂佛，表达对佛陀的敬意。

作为当地最古老的佛塔，姐勒塔与傣族人民的文化和生活紧密相连。传统节日来临时，傣族人民载歌载舞，在佛塔旁庆祝欢呼，祭祀谷神，祈求丰收。佛教信仰和欢快生活在此交融，显现出了傣族地区特有的民情风貌。

勐卧佛寺

——树包塔塔包树

勐卧佛寺位于云南省普洱市的景谷县，景谷县的古称就是“勐卧”。“勐”指地方，“卧”是指盐井，景谷只是云南省普洱市一个小小的县城，但素来就有“林海明珠、芒果之乡、佛教圣地”之美称。而到景谷旅游的游客们必定会到勐卧佛寺一览该寺奇观——树包塔塔包树。

勐卧佛寺建于1628年，本为官佛寺，包括山门、侧门、双塔、戒堂、大殿和僧房。双塔一为树包塔，一为塔包树，傣族人分别称其为“梅赫窝广勐”和“广勐赫窝梅”，两塔分列于大殿的左右两侧。左侧的树包塔塔体高约10.7米，分为6层，上端为圆弧状，菩提树约高25米，巨大的树冠有如一把大伞，笼罩在塔顶上，形成一片荫凉。右侧的塔包树塔体约高7.2米，树高约20米，两塔之间相隔30米距离。两塔为南传佛教傣族佛寺塔，为红砂石筑造，方形基座，“亚”

塔包树

塔包树位于勐卧佛寺大殿右侧

字形仰莲形式，上有浮雕图案，塔身四周有傣族的佛经故事、民间传说和动植物花卉等内容，如天神、佛祖、唐僧取经、孔雀公主、勐板加王子、赕白象、螃蟹姑娘、喊月亮等，还有狮子、飞龙、马鹿、葫芦、莲花等图案，有一定的历史艺术价值，有助于研究景谷地区傣族宗族、文化和历史。

关于树包塔塔包树的由来，傣文经书中记载了这样一个传说。据说明朝时，勐卧的“法弄”（土司）在勐卧佛寺建造了双塔，有一天，他和建塔主墨师同一晚梦见观音菩萨在这两个塔内放了两颗舍利，不久后，两塔中就各长出了一棵菩提树，逐渐形成了如今的“树包塔塔包树”。民间称如果人围着这两座塔绕 100 圈，那么一生都是幸福的，不会遇到灾难和疾病。有诗人作诗云：“大树裹塔塔藏形，塔心生树树参天。君游勐卧先游此，塔树各绕一百圈。”

寺院的中央即为大殿，大殿前立有一个香鼎，供游客们烧香拜佛。大殿有 16 层屋檐，大门处有“双龙戏珠”的雕刻，走廊处绘有大象、花卉等图案。殿内供奉着释迦牟尼佛祖的坐像，神态安详，双腿盘着，左手作托物状，右手自然地放在右腿上。殿的四周则挂着佛祖修道成佛故事的壁画，精美绝伦。

树包塔塔包树是云南西南地区的奇观，1993 年，被公布为省级文物保护单位。不仅本地的信众常到这里赕佛念经，东南亚其他各国的游客也对这一神奇双塔赞叹不已，在这里膜拜，祈求平安。

雷光佛迹寺

——大仙人脚

景谷县只是云南省普洱市一个小小的县城，但此地却有将近 80 座南传佛教寺庙，而且有 26 处具有上千年历史的佛陀的手印足迹，这个数字相当惊人，因为在云南的南传佛教传播区，目前一共才发现 28 处佛足印，其他两处分别位于曼飞龙笋塔旁和德宏傣族景颇族自治州。而在南传佛教盛行的泰国，只有一处佛足印。可能除了佛教发源地印度外，景谷县的这类印记最多，为一片吉祥之地。

傣族群众将这些巨型手印足迹敬奉为“巴达”，意为“有神迹的地方”。雷光佛迹寺就位于景谷县永平镇的雷光山上，因其殿内有佛祖的一处手印和两处足印，所以又称为“大仙人脚佛寺”，两处足印分别被称为大小仙人脚，雷光佛迹寺也因此成为南传佛教徒朝觐之圣地。

关于雷光佛迹寺的建造年份，有两种说法：一是乾隆五十年（1785 年），由勐戛土司“召法弄”罕贵、罕伍主建而成；二是 1733 年，一位名叫瞻鼎的沧源活佛发现仙迹，遂主持修建该寺，于 1785 年建成。在清中后期，雷光佛迹寺就已经名满东南亚。

“文革”时期，原古寺遭到毁坏。据说，当年有几个人想用炸药炸开仙人脚寻宝，结果顿时风云突变，电闪雷鸣，炸药点不着火，这些人见犯了天怒，落荒而逃。后来除一人百病缠身，形同废人一般外，其他几个都暴毙了。有人据此还写了一首诗，诗云：“历代佛光照世间，如山事实不能颠。留着脚印传千代，刻有仙迹万古仙。圣寺磐石苍更翠，佛门宝地绿无边。妖魔数次作恶坏，断肠呜呼去逝天。”2005 年 12 月，

寺碑

雷光佛迹寺的寺碑，碑体残缺，上有被烧过的痕迹

雷光佛迹寺的大殿

其地方开阔，佛寺富丽堂皇

经政府拨款、信众捐款，雷光佛迹寺重建而成，并举行了盛大的开光庆典仪式。

在佛寺山门处，有一块 2 米多高的石碑，碑体已残缺，上面写有一个巨大的“佛”字。碑块后方即为雷光佛迹寺大殿，佛寺富丽堂皇，殿内供奉着佛像和佛祖印记，手印和足迹深陷于巨石当中，为左掌左脚之印迹。大仙人脚长约 1.5 米，宽约 1 米，为 4 个足印相叠，相传为“戛古尚塔”“戈那戛纳”“戛洒巴”和“果大麻”（即释迦牟尼）先后所留。手印则按在石壁上，左右两边还有金鸡和金孔雀的印迹。大殿墙上则是佛祖与魔鬼斗智斗法的系列壁画，非常精美。寺内还有 3 口山泉，泉水甘甜，被称为“圣水”“仙水”，到该寺来的人都会喝上几口。

此寺香火十分旺盛，很多人到此朝拜，瞻仰佛祖仙迹，由此形成了一年一度的“朝仙节”。2007 年，泰国国王派了特使到雷光佛迹寺朝觐，还留下了御制的袈裟。

昆明圆通寺

——一寺三教

“圆通”，为观音菩萨三十二个名号之一，顾名思义，“圆通寺”理应为观音寺。我国多处建有圆通寺，如湘潭圆通寺、汕头圆通寺、湖北沙市圆通寺、吉林圆通寺、台北圆通寺等，但与这些观音寺相比，

圆通寺“圆通胜境”牌坊

该牌坊为吴三桂命人所修建，上部木雕与下部石刻融为一体

昆明圆通寺个性独具。

昆明圆通寺位于昆明市区的螺峰山下，有“螺峰拥翠”“螺峰叠翠”之誉，为昆明八景之一。圆通寺为昆明最大、最古老的佛教寺院，有 1200 多年的历史，始建于唐朝南诏时期，其前身为“补陀罗寺”，为观音道场。它是我国最早的观音寺之一，比浙江普陀山的观音寺庙还要早 100 多年，其间经历过多次扩建与重修。清康熙八年（1669 年），吴三桂对其进行了一次大规模修葺，他将山门南移至如今的圆通街面，又建立了“圆通胜境”牌坊和八角亭，从而奠定了今日圆通寺的基本格局。

圆通寺有几个不同寻常，甚至可说是独一无二的特点。

首先，寺院一般居于高处，或建于幽静山林中，但圆通寺不同。它位于闹市当中，且由于吴三桂将山门南移，将圆通寺整个地势给颠倒了，其建筑地势变为前高后低，寺院并不是建造在山坡上，进山门后需沿着中轴线一直下坡，最低点为圆通宝殿，从而形成“倒坡寺”。而且寺院坐北朝南，而非坐南朝北。

其次，“圆通”为观音名号，但如今圆通宝殿内供奉的却不是观音，而是释迦牟尼。这是为何？原来圆通寺供奉的本是观音，但在同治年间，因大水淹寺，观音像遭到毁坏。光绪年间重修时，不知何故将其修成了释迦牟尼“三身佛”，座前还站有观音菩萨的侍童“龙女”和“善财童子”，从而出现了观音殿供奉佛祖的奇观，这在全国是绝无仅有的。圆通宝殿名字未改，但因供奉的是佛祖，因此又常被人们称为“大雄宝殿”。

“大雄”指的是释迦牟尼法力无边，一切无畏，因此供奉佛祖之地一般为“大雄宝殿”。而观音寺岂能没有观音，因此圆通寺的住持经过考虑，将千手观音请进了放生池内的八角亭中。放生池中有两座三孔汉白玉桥，它们将天王殿、八角亭和圆通宝殿连成一体，加上周围回廊一线，从而形成了全国罕见的“水苑式”佛教建筑群。

释迦牟尼铜像

该铜像位于圆通寺殿内，佛像面容端庄，曲线流畅

1990 年，圆通寺建成了南传佛教佛寺铜佛殿，就目前而言，它是我国内地独一无二的南传佛教佛殿。该殿为泰式建筑，造型精美，用于供奉泰王国佛教协会所赠送的释迦牟尼铜佛像，殿门上方悬挂着赵朴初所题的“铜佛殿”匾额。该鎏金铜佛高 3.13 米，重 4.7 吨，为我国国内最大的南传佛教铜佛像。

殿内挂有四幅彩画，记录的是佛祖出家、成道、初转法轮至涅槃的过程，分别为昆明华亭寺（禅宗佛寺）、滇西鸡足山（禅宗发源地）、版纳总佛寺和归化寺（藏传佛寺）所敬献，体现了云南地区汉传佛教、藏传佛教和南传佛教的和谐共处。圆通寺东边又增设了藏传佛教供奉殿，称为密宗殿，内供奉着释迦牟尼佛祖、藏传佛教格鲁派领袖宗喀巴和宁玛派领袖莲花生大师。这样，中国佛教三大体系，即汉传佛教、藏传佛教和南传佛教齐聚一寺，三传具足，形成了“一寺三教”的局面，这在全国也是独一无二的，它体现了云南地区佛教体系完备的特点。

此外，圆通寺还具有一些道教元素，如牌坊上面的道教神仙、大殿两壁上的道教泥塑仙官、衲霞屏（螺峰山山南处的绝壁）上的“寿”字等等，它们体现了云南佛道并存的特点。

圆通寺是云南省和昆明市佛教协会所在地，为重要的佛教文化胜地，在东南亚一带颇具盛名。1956 年，出访缅甸回国的“佛牙舍利”在圆通寺供养了 3 天，数十万人前往朝拜。1998 年，圆通寺被列为云南省文物保护单位。

小知识◎曼飞龙塔建塔传说

相传，释迦牟尼云游传教时曾来到此地。当地傣族人正为筹建佛塔的选址争议不休。释迦牟尼听说后，笑而不言，来到一大青石前，用左脚在上面踩上一脚，留下了长 80 厘米，宽 58 厘米的脚印。又用他的禅杖在脚印旁戳了一个 3 尺深的洞，洞就成了甘泉，水流不息。盲、聋、哑之人饮泉水后即如常人，笃信佛教的人们遵循佛陀的指引，他们称脚印为“仙人脚迹”，并在此地建塔以纪念佛陀，弘扬佛法。

◎“勐罕”的由来

“勐”即地方，“罕”为卷起来的意思，传说佛陀踏着人们铺好的“帕罕”（白棉布）上岸，因白布不够长，佛陀一走过，教徒又把布卷起来往前再铺，用这种方式，终于将佛陀请进了家乡。释迦牟尼深受感动，于是将此地重新取名为“勐罕”。

◎德宏的佛足印

德宏地区的佛足印具体位于莫里热带阿林风景区，该风景区位于芒市、瑞丽市和陇川县交接区的瑞丽市一侧，是集热带雨林、宗教圣地和度假村为一体的热带雨林景区。相传佛陀曾在这的温泉旁斋戒沐浴，还留下了一个巨大的足印。巴利语中，大佛脚印为“扎朵”，因此莫里又被称为“扎朵”。

图书在版编目（CIP）数据

弘法利生：南传佛教史 / 黎玲玲著. —郑州：中州古籍出版社，2014.7（2018.7 重印）
（华夏文库）
ISBN 978-7-5348-4837-7

Ⅰ. ①弘… Ⅱ. ①黎… Ⅲ. ①佛教史 - 研究 - 中国 Ⅳ. ① B949. 2

中国版本图书馆 CIP 数据核字（2014）第 142392 号

华夏文库 · 佛教书系
弘法利生：南传佛教史

总 策 划　耿相新　郭孟良
责任编辑　王建新
责任校对　王　健
封面设计　新海岸设计中心
版式设计　曾晶晶
美术编辑　王　歌
责任印制　刘新毅
项目统筹　单占生　萧　红（执行）

出　版　中州古籍出版社
地址：河南省郑州市经五路 66 号
邮编：450002
电话：0371-65788693
经销新华书店
印　刷　天津兴湘印务有限公司
版　次　2014 年 7 月第 1 版
印　次　2018 年 7 月第 2 次印刷
开　本　960 毫米 ×640 毫米　1 / 1 6
印　张　8.5 印张
字　数　70 千字
定　价　38.00 元